THORSTEN WULFF
LIGHTROOM 3

THORSTEN WULFF
LIGHTROOM 3
Workflow für anspruchsvolle Digitalfotografen

Bibliografische Information der Deutschen Nationalbibliothek
Die Deutsche Nationalbibliothek verzeichnet diese Publikation
in der Deutschen Nationalbibliografie; detaillierte bibliografische Daten sind im Internet über http://dnb.d-nb.de abrufbar.

Die Informationen in diesem Produkt werden ohne Rücksicht
auf einen eventuellen Patentschutz veröffentlicht. Warennamen werden ohne Gewährleistung der freien Verwendbarkeit
benutzt. Bei der Zusammenstellung von Texten und Abbildungen wurde mit größter Sorgfalt vorgegangen. Trotzdem können
Fehler nicht ausgeschlossen werden. Verlag, Herausgeber und
Autoren können für fehlerhafte Angaben und deren Folgen
weder eine juristische Verantwortung noch irgendeine Haftung
übernehmen. Für Verbesserungsvorschläge und Hinweise auf
Fehler sind Verlag und Autor dankbar.

Alle Rechte vorbehalten, auch die der fotomechanischen
Wiedergabe und der Speicherung in elektronischen Medien.
Die gewerbliche Nutzung der in diesem Produkt gezeigten
Modelle und Arbeiten ist nicht zulässig. Fast alle Produktbezeichnungen und weitere Stichworte und sonstige Angaben,
die in diesem Buch verwendet werden, sind als eingetragene
Marken geschützt. Da es nicht möglich ist, in allen Fällen
zeitnah zu ermitteln, ob ein Markenschutz besteht, wird das
®-Symbol in diesem Buch nicht verwendet.

10 9 8 7 6 5 4 3 2 1
12 11 10

ISBN 978-3-8272-4677-6

© 2010 by Markt+Technik Verlag,
ein Imprint der
PEARSON EDUCATION DEUTSCHLAND GmbH,
Martin-Kollar-Str. 10–12, 81829 München/Germany
Alle Rechte vorbehalten

Einbandgestaltung:
Marco Lindenbeck, webwo GmbH, *mlindenbeck@webwo.de*
Lektorat: Kristine Kamm, *kkamm@pearson.de*
Korrektorat: Petra Kienle, Fürstenfeldbruck
Gestaltung und Satz: Thorsten Wulff, *twulff@mac.com*

Druck und Verarbeitung: Print Consult GmbH
Printed in the Slovak Republic

Für Esther

INHALT

Intro
- Es ist nie Lupus! – Das Vorwort 13
- Shadowland – Die Lightroom-Story 14
- Hardware 15

Import
- Der Dialog 18
- Tether-Aufnahmen 24
- RAW, JPEG oder DNG? 25

Bibliothek
- Das Modul 28
- Die linke Bedienfeldleiste 29
- Die rechte Bedienfeldleiste 30
- Die Filterleiste | Die Werkzeugleiste 32
- Der Filmstreifen 33
- Die Rasteransicht 34
- Die Lupenansicht 35
- Die Vergleichsansicht 36
- Die Überprüfungsansicht 37
- Die Ansichtsmodi 38
- Der Katalog 40
- Verlorene Bilder (und wie man sie wiederfindet) 42
- Die Bildauswahl 44
  - Die Bildauswahl | Flaggen 45
  - Die Bildauswahl | Filter | Fotos verbessern 46
  - Die Bildauswahl | Sterne 47
  - Die Bildauswahl | Sterne | Farbbeschriftungen ... 48
  - Aufnahmezeit bearbeiten 49
- Schnellsammlungen 50
- Sammlungen 51
- Zielsammlungen + ... 52
- Smart-Sammlungen 53
- Bilder stapeln 54
- Virtuelle Kopien 56

Entwickeln
- Das Modul 60
- Die linke Bedienfeldleiste 61
- Die rechte Bedienfeldleiste | Histogramm 63
  - Grundeinstellungen | Weißabgleich 64
  - Grundeinstellungen | Farbton 65
  - Grundeinstellungen | Präsenz 67
  - Grundeinstellungen | Dynamik | Sättigung 70
  - Gradationskurve 71
  - Gradationskurve | HSL 73
  - Farbe 74
  - Schwarzweiß 76
  - Farbkanäle 77
  - Teiltonung 78
  - Details | Schärfen 82
  - Details | Rauschreduzierung 83
  - Objektivkorrekturen 84
  - Profile 85
  - Effekte | Vignettierung 86
  - Effekte | Körnung 87
  - Kamerakalibrierung | Prozessversion 88
  - Kamerakalibrierung 89
- Die Entwicklungswerkzeugleiste 90
- Einstellungen kopieren 91
- Einstellungen synchronisieren 92
- Vorgaben installieren 93
- Die Freistellungsüberlagerung 94
- Die Bereichsreparatur 96
- Der Verlaufsfilter 97
- Der Korrekturpinsel 102

Mehrseitige Themen und Ihre aktuelle Position ▢▢▤▢ erkennen Sie an diesem Seitennavigator

Entwickeln+
    Photoshop Roundtrip. 106
    Bilder in Photoshop öffnen 107
    Fotos als Smart-Objekte in Photoshop bearbeiten 108
    Panoramen in Photoshop. 112
    HDR in Photoshop 116
    Bilder in Photoshop als Ebenen öffnen 120
    Neu in Photoshop CS5: Verbesserte Maskenkante. 124
    Neu in Photoshop CS5: HDR-Tonung 125
    Neu in Photoshop CS5: Inhaltssensitives Füllen 126
    Externe Editoren 128
    Silver Efex Pro. 129

Ausgabe
    Export 133
        Voreinstellungen 133
        Exportoptionen 134
        Nachbearbeitung mit Export Actions 136
        Veröffentlichungsdienste 137
        Das Modul 138
    Diashow 139
        Überlagerungen 141
        Titel | Abspielen. 142
        Export. 143
        Das Modul 144
    Drucken 145
        Einzelbild/Kontaktabzug. 147
        Bildpaket 148
        Benutzerdefiniertes Paket 149
        Bildpaket anpassen 150
        Seitenoptionen | Schnittmarken 151
        Erkennungstafel drehen | Kontakte als PDF ausgeben. 152
        JPEG exportieren 153
        Druckauftrag. 154
        Farbmanagement 155
        Das Modul 158

Neue oder aktualisierte Funktionen erkennen Sie an diesem Symbol

Web 159
   Einstellungen der HTML-Galerie 161
   Galerie-Upload leicht gemacht 164
   Einstellungen der Flash-Galerie 165
   Der Airtight AutoViewer 166
   Der Airtight PostcardViewer 167
   Der Airtight SimpleViewer 168
   SlideShowPro 169
   Mail | Dreamweaver 172
   One More Thing 173

Kurzbefehle
   Bedienfelder 176
   Modulnavigation | Ansicht 177
   Foto- und Katalogverwaltung 178
   Stichwörter | Sammlungen 179
   Bibliothek 180
   Entwickeln 183
   Diashow 185
   Drucken 186
   Web 187

Index 188
Colophon 192

William Shakespeare,
Wie Es Euch Gefällt.

Lumix GF1, 20 mm f1,7
1/200 Sek.
ISO 400

Fotografen waren schon immer Geeks. Seit den Tagen von Daguerre und Fox-Talbot ging es auf der Jagd nach dem bestmöglichen Foto auch stets darum, die Technologie voranzutreiben.
Ohne Oskar Barnack und die Leica hätte es den modernen Fotojournalismus des 20. Jahrhunderts nicht gegeben. Heute steht Lightroom 3 an diesem Kreuzpunkt zwischen Technologie und fotografischer Kunst. Nie war es einfacher für Fotografen, auch auf mobilen Rechnern das Beste aus ihren Bildern herauszuholen.
Adobe hat Lightroom in enger Zusammenarbeit mit der Fotografengemeinde für die vorliegende Version 3 komplett überarbeitet, um das perfekte Werkzeug für die stetig wachsenden digitalen Bilderberge unserer Zeit zu entwickeln.
Das Programm überrascht immer wieder mit seiner Leistungsfähigkeit und Eleganz, kombiniert mit einem zurückhaltenden, aber effektiven Interface, das den Bildern stets den Vortritt lässt. Mehr kann ein Fotograf sich nicht wünschen.

Thorsten Wulff,
Juli 2010

ES IST NIE LUPUS!
Das Vorwort

‚There is a sexiness to beautiful machines.
The smell of a Nikon camera.
The feel of an Italian sports car,
or a beautiful tape recorder ...
Man has always worshipped beauty,
and I think there's a new kind of beauty afoot in the world.'
Stanley Kubrick in der New York Times, 1968

Dies ist ein Buch für Fotografen. Es soll Ihnen zeigen, dass die Arbeit mit Lightroom Spaß macht, mehr als die Zeit früher in den Dunkelkammern mit Entwickler und Fixierern auf unseren Händen. Ich habe es wie seinen Vorgänger letztes Jahr im Sommer in Berlin geschrieben, zeitweilig bei 40 Grad bei meinem Freund Cyrill in Kreuzberg. In Berlin muss man nur vor die Tür gehen, um gute Bilder zu finden. Vor dem Reichstag konnte ich am 30. Juni sogar meinen Bericht zur Lage der Nation live im ARD Brennpunkt zur holperigen Wulff-Wahl von mir geben. Und mit *Robert Lebeck* und *Thomas Höpker* sind zwei Legenden des deutschen Fotojournalismus im Buch abgebildet. Ich traf Höpker bei der Eröffnung der C/O Berlin-Ausstellung *MAGNUM Shifting Media. New Role of Photography*.

Und das ist ja genau, worum es bei Lightroom eigentlich geht.

Es ist eine Menge passiert, seitdem mein Lightroom-2-Buch Ende November 2009 erschien. Deutschland hatte ein neues *Sommermärchen*, Lost ist nach sechs mysteriös-verschlungenen Staffeln zu Ende gegangen. Ein iPhone-Prototyp ging in einer deutschen Kneipe in Redwood City verloren und wurde für 5.000 Dollar weiterverkauft, was für einigen Ärger sorgte. Steve Jobs meinte, das Gerät erinnere an eine Leica, aber dann gab es Ärger mit der Antenne. Der *Euro* geriet ins Trudeln und *Horst Köhler* hatte keine Lust mehr, im Schloss Bellevue zu wohnen. Dann hat es für Gauck nicht gereicht, aber am Ende für Wulff. NRW hat eine Minderheitsregierung. Westerwelle ist immer noch Bundesaußenminister. Spielberg und Hanks zeigten uns The Pacific. Don Draper und die Mad Men gehen in eine vierte Season. Das Finale der sechsten Staffel von *Dr. House*, dem freundlichsten Differentialdiagnostiker der Welt, wurde komplett mit Canons genialer *5D Mark II* gedreht, ein eindeutiger Paradigmenwechsel. In Zukunft wird wohl keine Spiegelreflex mehr ohne ernsthafte Videofunktion auf den Markt kommen, die Anschaffung einer großartigen, aber teuren *RED* erübrigt sich. Es bleibt abzuwarten, welche Überraschungen die Kamerahersteller für die diesjährige Fotokina bereithalten.

Eine enorm spannende Zeit Fotograf zu sein ...

SHADOWLAND
Die Lightroom-Story

Adobe Lightroom kam als 'Shadowland' auf die Welt, der Name ist eine Referenz zu K.D. Langs gleichnamigem Album von 1988. Schon 2002 hatte Mark Hamburg eine experimentelle Applikation entwickelt, die er *PixelToy* genannt hatte und an die schwebenden Paletten von Interface-Guru Kai Krause erinnerte. In PixelToy wurden Einstellungen als Schnappschüsse gespeichert, die dann auf das Bild gemalt werden konnten. Hamburg hatte bei Photoshop die Protokollfunktion entwickelt.

Shadowland sollte, im Gegensatz zu Photoshop, welches immer auf ein gerade aktives Bild fokussiert war, mit den Mengen von Bildern umgehen, die durch den Siegeszug der Digitalfotografie zu erwarten waren. Das Entwicklerteam besuchte diverse Fotostudios in den ganzen USA, um die Bedürfnisse der Fotografen herauszufinden. Es war schnell klar, dass ein Programm gebraucht wurde, das mit großen Mengen von RAW-Dateien zügig umgehen konnte und mit dem sich schnell Auswahlen treffen lassen konnten.

Hamburg heuerte Melissa und Troy Gaul vom Adobe ImageReady Team und George Jardine als Produktmanager an und die Arbeit konnte beginnen.

Adobe entschloss sich dann zu dem ungewöhnlichen, aber erfolgreichen Public-Beta-Test, bei dem die Fotografengemeinde aufgefordert war, das Programm auf Herz und Nieren zu testen und Feature-Wünsche noch vor dem offiziellen Release der 1.0 Version einzureichen. Adobe hörte zu und fügte Verbesserungen an.

Auch diesmal, bei der Version 3.0, bot Adobe den Fotografen zwei Public Betas zum Vorabtesten an, die mehr als 600.000 Mal heruntergeladen worden sind. Kevin Connor, Adobes vice president of product management for Digital Imaging, war begeistert.

C/O Berlin, *Berlin*
Lumix GF1 | 20 mm f1,7
1/40 Sek. | ISO 400

HARDWARE

Ich fotografiere wie im ersten Buch immer noch mit der Nikon D3, aber der Markt wurde durch das neue Segment der spiegellosen *Micro-Four-Thirds-Kameras* aufgewirbelt. Als die DMC-G1 von Panasonic erschien, fragten alle, warum muss sie eigentlich wie eine Spiegelreflex aussehen? Glücklicherweise ließ die Antwort in Form der 12-Megapixel Lumix GF1 nicht lange auf sich warten. Im Set wahlweise mit einem 20 mm Pancake- (40 mm bei Kleinbild) oder einem 14-45 mm-Zoom, ist diese kleine, hochpräzise Kamera ein großartiges Instrument, auch für anspruchsvolle SLR-Fotografen. Da ich Weitwinkel bevorzuge, wirkte die 40 mm-Optik anfangs etwas eng, aber wie Sie in diesem Buch sehen können, eignet sich das lichtstarke Pancake perfekt als Schnappschuss-Objektiv. Alle Berlin-Fotos im Buch sind mit der GF1 entstanden, auch das Titelbild.

Wie die Olympus E-P1 kombiniert die GF1 die Handlichkeit einer Point-and-Shoot-Kamera in einem robusten Gehäuse mit der Möglichkeit, auf eine wachsende Palette von Wechselobjektiven zurückzugreifen. Die GF1 hat sich sowohl bei der Wahl des Bundespräsidenten am Reichstag bewährt wie morgens um 5 bei Sonnenaufgang an der Eastside Gallery.

Leica hat lange auf modifizierte Panasonic-Gehäuse zurückgriffen, wie zuletzt mit der V-LUX 20. Mit der X1 ist Solms aber einen anderen Weg gegangen. Die mit einem 12.2 Megapixel APS-C CMOS-Sensor ausgestattete Kamera kommt mit einem fest eingebauten Elmarit 24mm 1:2.8, welches auf Kleinbild umgerechnet der klassischen Reportagebrennweite 35 mm entspricht. Die Leica arbeitet darüber hinaus direkt in Adobes DNG-Format, und verzichtet auf ein separates RAW. Und ja, im Kaufpreis einer X1 ist eine Vollversion von Lightroom als Bonus enthalten ...

Große Sensoren in kompakten Bodies: die Lumix GF1 und die Leica X1

Oberbaumbrücke, *Berlin*
Lumix GF1 | 20 mm f3,2
1/800 Sek. | ISO 400

3 Der Dialog

Der reduzierte Importdialog in der Übersicht: **1.** Importquelle **2.** Importoptionen **3.** Speicherort. Über die Pfeiltaste links unten wird der Dialog auf seinen vollen Umfang ausgedehnt.

Die Arbeit in Lightroom beginnt mit dem Bildimport. Dieser wurde komplett überarbeitet und wurde wesentlich übersichtlicher und intuitiver gestaltet. Der Import-Dialog öffnet sich automatisch nach dem Anschluss einer Kamera oder Speicherkarte an den Rechner und er ist bei Bedarf über das Menü *Datei/Fotos importieren* oder den Tastaturbefehl ⌘⇧-I aufrufbar. Das Importdialog-Fenster ist in Lightroom 3 in zwei Versionen verfügbar. In der optionalen reduzierten Ansicht schwebt das Fenster über einem abgedunkelten Hintergrund und stellt die minimal nötigen Importvorgaben bereit. In der Kopfzeile ist der komplette Importprozess dargestellt. Links beginnend mit der Wahl der Bildquelle, sei es eine angeschlossene Speicherkarte oder ein Ordner auf einer Festplatte, gefolgt von den Kopier- und Verschiebeoptionen inklusive der Möglichkeit, die Bilder beim Import in das DNG-Format umzuwandeln. Am rechten Rand schließlich die Wahl des Speicherorts. Klicken Sie zum Öffnen der Vollansicht die Pfeiltaste unten links.

Es macht Sinn, von vornherein einen festen Platz für die Fotos zu bestimmen. Dann kommen Sie nicht bei jedem Import wieder in die Verlegenheit, sich neue Zielordner überlegen zu müssen. Setzen Sie von Anfang an externe Festplatten ein, dann wissen Sie immer, wo welche Aufnahmen sind. Ich benutze die kleinen schwarzen Sam-Hecht-Platten von LaCie, erhältlich in USB- und FireWire-Versionen. Sie brauchen kein externes Netzteil und sind somit auch unterwegs praktisch einsetzbar.

FireWire 800-Kartenleser von SanDisk mit 40 MB/s Schreib-/Lesegeschwindigkeit. Lohnt sich, da die Bilder doppelt so schnell wie mit USB übertragen werden. Apples aktuelle MacBook Pro-Generationen haben einen praktischen SD-Kartenslot, so dass sich bei der Verwendung dieses Kartenformats das Mitführen eines Adapters erübrigt.

DNG wurde von Adobe entwickelt, um zu gewährleisten, dass Sie Ihre RAW-Dateien auch noch in Zukunft öffnen können, denn RAW ist kein fest definierter Dateistandard wie TIFF oder JPEG. Jeder Kamerahersteller entwickelt daher sein eigenes RAW und diese unterscheiden sich zusätzlich auch noch innerhalb der Modellreihen. DNG ist dagegen ein standardisiertes Digitales Negativ. Außerdem sind DNGs im Durchschnitt etwa 20% kleiner als RAW-Dateien und sparen somit auch noch Speicherplatz.

IMPORT

Der Dialog **3**

⊕ **Der komplette Importdialog** in der Übersicht: **1.** *Importquelle* **2.** *Importoptionen* **3.** *Speicherort.* **4.** *Auch Festplatten und andere Speicher können als Importquelle ausgewählt werden* **5.** *Ausschluss von Duplikaten und Anlegen von Sicherungskopien, gefolgt vom Dateiumbenennungs-Bedienfeld* **6.** *Import-Vorschauraster mit Zoomfunktion* **7.** *Sämtliche vorhandenen Entwicklungsvoreinstellungen können direkt beim Import zur Anwendung kommen* **8.** *Wiederkehrende Importeinstellungen können als Vorgabe gespeichert werden* **9.** *Speicherort.*

Nahezu alles in Lightroom lässt sich individuell konfigurieren und als Vorgabe abspeichern, auch der neue Bildimport macht da keine Ausnahme. Am unteren Rand des Fensters findet sich hierfür ein Importvorgaben-Dialog. Sollten Sie also regelmäßig von einer bestimmten Quelle Bilder an immer denselben Ort importieren und auch gleich in das DNG-Format umwandeln, müssen nicht immer wieder die gleichen Einstellungen vorgenommen werden, es genügt, die entsprechende Vorgabe auszuwählen. Während die drei Segmente des Importfensters in der reduzierten Version wie Buttons funktionieren, ausgestattet mit Symbolen für Kamera und Festplatte, bietet sich hier nun die volle Pracht von Lightrooms Importfenster. Quell- und Zielordner nebst allen Importvoreinstellungen werden in den rechten und linken Spalten ausgewählt und diese bilden den Rahmen für das zentrale Vorschaufenster. Ganz wie in den späteren Programmmodulen sind die Vorschauen in der Gitteransicht zoombar, ein Doppelklick vergrößert das ausgewählte Motiv und passt es in das Fenster ein, ein Schieberegler zoomt bis zum Faktor 11:1 heran. Viele Bilder lassen sich also schon vor dem Import aussortieren und nicht erst später im Bibliotheksmodul. Durchaus hilfreich, wenn der Redakteur neben Ihnen steht und sofort ein Titelbild braucht.

Der Dialog

🔸 **Die Titelleiste** funktioniert wie eine Reihe großer Buttons.

🔸 **Bereits** vorher importierte Bilder werden gedimmt dargestellt.

Die Quelle
Kameras und Speicherkarten werden links oben angezeigt. Sind mehrere Geräte angeschlossen, wählt man hier das gewünschte aus. Per USB angeschlossene Kameras und Karten werden nach Wunsch bei abgeschlossenem Importvorgang ausgeworfen.
Lightroom speichert eine Liste mit den letzten sechs der zuletzt verwendeten Geräte und Bildquellen, das praktische Feature wird über den Doppelpfeil neben dem Gerätenamen gesteuert.

Bilder von einer
Kamera oder Speicherkarten lassen sich beim Import direkt in Adobes DNG-Digitalnegativformat umwandeln. Die Standardvorgabe kopiert die Bilder in ihrem jeweiligen Originalformat, JPEG oder RAW, von der Karte auf die Festplatte. Hierbei zeigt die Einstellung *Alle Fotos* sämtliche Bilder auf der Kamera an, auch jene, die schon vorher dem Lightroom-Katalog angefügt worden waren. Diese sind allerdings ausgedimmt. Klicken Sie auf *Neue Fotos* und die bereits importierten Fotos werden komplett ausgeblendet.

Dateien von einer Festplatte
dagegen lassen sich im Gegensatz zu Bildern direkt aus der Kamera verschieben und einfach nur dem Katalog hinzufügen, ohne die Bilder von einem Speicherort zum anderen zu bewegen.
Übrigens lässt sich auch im neuen Importfenster die Solo-Einstellung der Bedienfelder anwenden, um jeweils nur das aktive Feld zu öffnen. Klicken Sie einfach mit der rechten Maustaste oder mit gehaltener Ctrl-Taste auf die Titelzeile der Dateiverwaltung.

IMPORT

Der Dialog 3

Das Vorschaufenster
kann die Bilder auf der Kamera in einer Gitteransicht wie das Bibliothek-Modul darstellen. Die Größe der Miniaturen wird hierbei über einen Zoom-Schieberegler justiert. Ein Doppelklick vergrößert das Motiv auf den gesamten Rahmen.

Über Buttons am unteren Rand des Fensters lassen sich alle Bilder zum Import auswählen oder per Mausklick eine Checkbox am Miniaturrahmen bestimmen.

Video
kann Lightroom 3 jetzt auch importieren, Adobe trägt damit der Entwicklung am Kameramarkt Rechnung. Videos sind mit einem Kamerasymbol am linken unteren Bildrand markiert und werden im Filmstreifen und in der Bibliothek mit einer JPEG-Vorschau und einem Videokamerasymbol mit Spieldauer in Minuten und Sekunden angezeigt. Lightroom kann die Videos aber nicht abspielen oder editieren, ein Doppelklick auf die Datei öffnet das Video in der Standardabspielsoftware des Rechners, wie dem QuickTime Player.

Der Speicherort
wird genauso wie die Quelle bestimmt und auch hier merkt sich Lightroom die zuletzt verwendeten Ordner in einer praktischen Liste. Sie sparen also deutlich Zeit bei Routinevorgängen, auch wenn Sie keine spezifische Importvorgabe anlegen.

21

3 Der Dialog

Dateiverwaltung

Rechts oben in der **In**-Spalte des Importdialogs legen Sie fest, mit welcher Auflösung die Vorschaubilder gerendert werden. Wenn Sie eine Aufnahme auf dem Display Ihrer Kamera überprüfen, sehen Sie eine JPEG-Vorschau. Diese benutzt Lightroom unter der Einstellung *Minimal* als Vorschau. Das geht schnell, führt aber dazu, dass erst beim Klick auf das Bild eine Standardvorschau errechnet wird und Sie an dieser Stelle warten müssen. *Eingebettete und Filialdateien* benutzt die besten Vorschaudaten der Kamera. Dauert etwas länger als *Minimal*, aber nicht so lang wie *Standard*. *Standard* erzeugt eine Vorschau in der Größe Ihres Displays im Farbraum ProPhoto RGB. Passen Sie Ihre Standardeinstellungen Ihren Bedürfnissen in den *Katalogeinstellungen* unter ⌘⌥, an. Die *1:1*-Vorschau schließlich ist notwendig, um auf Pixelebene das Bild hineinzuzoomen wie im Entwickelnmodul, dauert aber auch am längsten. Außerdem in der Dateiverwaltung: Verhindern Sie den nochmaligen Import von Bildern, die sich schon im Katalog befinden, und erzeugen Sie nach Wunsch eine Sicherheitskopie der neuen Bilder an einem Ort Ihrer Wahl.

☺ Verhindern Sie das erneute Importieren von Duplikaten und legen Sie bei Bedarf Sicherheitskopien an.

☺ Entscheiden Sie in den *Katalogeinstellungen* über die Größe der Standardvorschau.

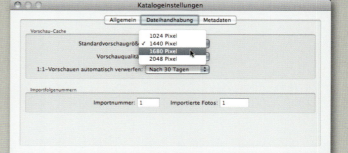

Dateiumbenennung

In diesem Bedienfeld geben Sie Ihren Aufnahmen sinnvolle und eindeutige Namen. Es sei denn, _1010054.JPG ist nach Ihrem Geschmack. Da die aktuellen Kameras ja inzwischen alle über eine Gesichtserkennung verfügen, werden sie bestimmt auch bald den Bildern von alleine Namen geben können. Bis dahin hilft uns Lightroom an dieser Stelle weiter. Wählen Sie aus einer Reihe von Vorgaben und passen Sie diese nach Bedarf an.

☺ Ordner lassen sich über das Kontextmenü direkt als Importziel bestimmen.

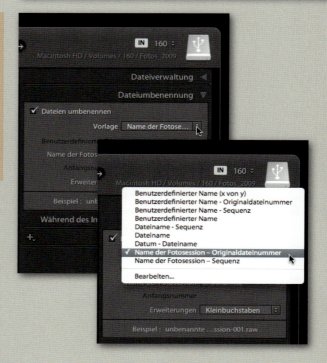

IMPORT

Der Dialog **3**

Während des Importvorgangs anwenden
Sämtliche installierten Entwicklungsvorgaben, und das können eine ganze Menge sein, sind direkt beim Import auf Ihre Bilder anwendbar. Auf diese Weise lassen sich bequem 300 Farbfotos zum körnigen Tri-X-Look konvertieren, ohne dies später Bild für Bild im Entwickelnmodul zu tun. Legen Sie job- oder kameraspezifische Vorgaben an und erledigen Sie eine Vorabkorrektur direkt beim Import. Bei meinen Theaterfotos erhöhe ich auf die Art direkt beim Import Klarheit und Dynamik um +42, einen Wert, den ich während der Bildbearbeitung im Entwickelnmodul sonst manuell anwenden würde.

Fügen Sie Ihren Bildern an dieser Stelle auch einen vorbereiteten Metadatensatz mit Telefonnummern, E-Mail-Adressen und Copyright-Informationen an. Diese werden Bestandteil des Fotos und eine in Photoshop geöffnete exportierte Kopie des Bilds zeigt das © in der Titelzeile an. Beschreiben Sie die Aufnahmen schließlich mit ein paar Stichwörtern, wie ‚Buch'.

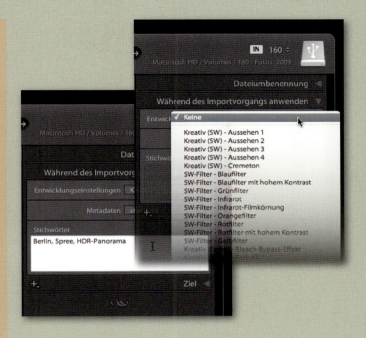

Ziel
Jetzt haben wir es fast geschafft. Im Bedienfeld Ziel bestimmen Sie den Speicherort für Ihre Aufnahmen und nach welchen Kriterien diese dort geordnet werden. Legen Sie nach Bedarf Unterordner im Zielverzeichnis an und entscheiden Sie, ob alle Bilder in diesem Ordner gespeichert oder nach einer datumsabhängigen Hierarchie sortiert werden sollen.

Klicken Sie dann einfach die Taste *Importieren*!

Speichern Sie Ihre Einstellungen als Importvorgabe ab, um sie wiederbenutzen zu können.

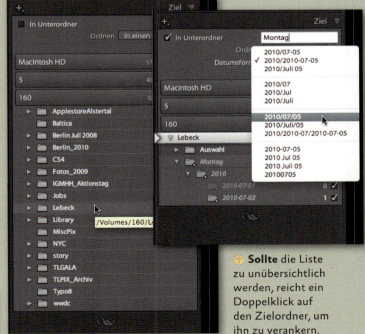

😊 **Sollte** die Liste zu unübersichtlich werden, reicht ein Doppelklick auf den Zielordner, um ihn zu verankern.

23

3 Tether-Aufnahmen

Tethered Shooting

Lightroom 3 beherrscht das **angebundene** Fotografieren, ein nicht zuletzt bei Studiofotografen beliebtes Feature, um dem Artdirector oder Frau Klum gleich die Ergebnisse auf dem großen Display zeigen zu können. (Alternativen: Für Canon-Fotografen das den Kameras beiliegende *Canon EOS Utility*, von Nikon gibt es das kostenpflichtige *Nikon Capture Control Pro* oder als gute Alternative das kostenlose *Sofortbild* von Stefan Hafeneger, www.sofortbildapp.com). Die Funktion wird über *Datei > Tether-Aufnahmen* im Menü gestartet und ist mit folgenden Kameramodellen kompatibel: *Canons 5D Mark II, 7D, 5D, 1Ds Mark III, 1Ds Mark II und Nikons D3, D3x, D3s, D700 und D90*. Im sich darauf öffnenden Dialogfeld wird ein Sitzungsname festgelegt und die Dateien, Speicherort und Metadatenvorgaben sowie Grobe Stichwörter benannt. Der USB-Modus der Kamera muss von Mass-Storage auf den MTP/PTP-Standard gewechselt werden, um die Kommunikation mit dem Programm zu ermöglichen. Zu Beginn der Session blendet Lightroom das Tether-Kontrollmodul ein. Auf diesem wird die angeschlossene Kamera mit den Informationen zu aktueller Belichtungszeit, Blende, ISO-Wert und Weißabgleich angezeigt, gefolgt von einem Klappmenü mit den verfügbaren Entwicklungsvoreinstellungen und einem in dezentem Grau gehaltenen Auslöser. Ein impor-

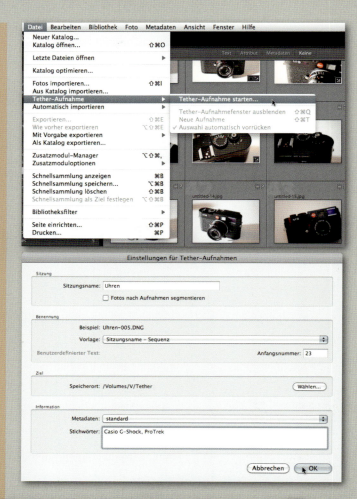

tiertes 12 Megapixel großes Raw-Bild wird nach knapp einer Sekunde nach erfolgter Fernauslösung geöffnet. Praktisch: Justiert man die Einstellungen im Entwickeln-Modul lassen sich diese elegant über die Funktion *Wie Vorher* der Tether-Leiste auf die folgenden Aufnahmen übertragen. Am Ende einer Aufnahmesession genügt ein Klick auf den Schließenknopf über dem Auslöse-Button. Tether-Aufnahmen sind zwar noch nicht allen Kamerabesitzern zugänglich, aber trotzdem ein Feature, das schnell Freunde finden wird.

IMPORT

RAW, JPEG oder DNG?

Immer mehr Kameras erlauben das separierte Aufnehmen von JPEG und RAW, die Nikon hat einen dualen Speicherschacht, so dass die beiden Bildserien auf getrennte Medien aufgenommen werden können. Lightroom importiert auf Wunsch RAWs getrennt von den JPEGs, hierfür müssen Sie in den Voreinstellungen (⌘-U) unter Allgemein die Option ‚JPEG-Dateien neben RAW-Dateien als separate Fotos behandeln' aktivieren. Danach tauchen die JPEGs neben den RAWs in der Importvorschau auf, sonst sind die JPEGs bei identischen Dateinummern nicht zu sehen. Wenn Sie auch diese RAWs beim Import in DNG umwandeln, unterrichtet das Programm Sie darüber, dass dies mit den JPEGs nicht passiert ist. Wenn Sie JPEG, RAW und DNG im Finder vergleichen, wird der Größenunterschied der drei Formate deutlich. Die Bilder kommen unbeschnitten aus der Kamera und messen 4256 mal 2831 Pixel. Das RAW ist 10,9 MB groß, das DNG 9,1 und das mit normaler Qualität aufgenommene JPEG 2,7 MB. Der entscheidende Punkt zwischen RAW und JPEG ist aber nicht die eingesparte Größe, sondern die Bildqualität. Während das RAW aus Ihrer Kamera sämtliche Informationen des Kamerasensors im Moment der Aufnahme enthält, und das sind 4.096 mögliche Tonwertstufen pro Kanal in 16-Bit-RGB, ist das JPEG in der Kamera generiert, nach einem Softwareprofil des Herstellers. Weißabgleich, Tiefen und Lichter, Tonwertkurve und Schärfe werden in die Datei eingebacken und diese wird auf 8 Bit reduziert, während im RAW alle diese Werte den Bilddaten als frei editierbare Metadaten angefügt sind.

RAW und DNG sind somit der richtige Weg, um mit Lightroom das Beste aus Ihren Bildern herauszuholen.

Gotthold Ephraim Lessing,
Nathan der Weise
Andreas Hutzel, Nathan
D3, 85 mm f9
1/160 Sek.
ISO 3200

Das Modul

⊙ **Das Bibliotheksmodul** in der Übersicht: **1.** *Bibliotheksfilterleiste* **2.** *Bildanzeigebereich* **3.** *Bedienfelder zur Verwaltung von Katalog, Ordnern, Sammlungen und Veröffentlichungsdiensten* **4.** *Lightroom-Modulauswahl* **5.** *Histogramm* **6.** *Bedienfelder für Ad-hoc-Entwicklung sowie zur Bearbeitung von Metadaten und Stichwörtern* **7.** *Werkzeugleiste* **8.** *Filmstreifen*

Nach vollendetem Import finden sich Ihre Bilder in der Rasteransicht des Bibliotheksmoduls wieder. Oben links im Katalog-Bedienfeld sehen Sie, dass Sie sich im vorherigen Import befinden. Sollten Sie versehentlich in eine andere Sammlung geraten sein, kommen Sie mit dieser Taste immer zu den neuesten und in diesem Fall unbearbeiteten Bildern zurück.

Wenn Sie den Blick unverstellt auf Ihre Bilder richten wollen, können Sie alle Paletten und Menüs mit ⇧→∣ verbergen. Drücken Sie dagegen nur →∣, verbergen Sie die seitlichen Bedienfeldbereiche, die obere Befehlsleiste und der Filmstreifen unten bleiben dann sichtbar. Auch in ausgeblendetem Zustand können Sie auf die Paletten zurückgreifen, sie sind durch graue Dreiecke gekennzeichnet. Über das Kontextmenü modifizieren Sie das Verhalten der Paletten, in der Standardeinstellung werden diese automatisch eingeblendet, sobald die Maus ihnen zu nahe

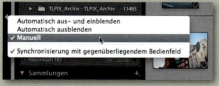

kommt. Schalten Sie auf ‚Manuell' um, müssen Sie klicken, um die Paletten sichtbar zu machen. Ich würde diese Einstellung empfehlen, denn es kann irritieren, wenn ständig die Paletten ins Bild gleiten und wieder heraus. Wenn Sie zum Beispiel nicht mögen, wie die Bedienfelder immer animiert aus- und einklappen, reicht ein Klick mit gedrückter ⌘-Taste auf die Titelzeile mit dem kleinen Dreieck, dann geht das wie im Flug.

BIBLIOTHEK

Die linke Bedienfeldleiste

Mit der linken Bedienfeldleiste haben Sie die Kontrolle über die von Ihnen importierten Ordner, eine Übersicht über die verwendeten Volumes und hier verwalten Sie Ihre Sammlungen.

Anzeigeoptionen des Laufwerk-Browsers

Der Navigator
zeigt eine Vorschau des aktiven Bilds, bei einer neu ausgewählten Sammlung immer das erste Bild. Mit dem kleinen Rechteck wird die vergrößerte Lupenposition im Bild angezeigt.

Der Katalog
Im Katalog werden die Speicherorte von Dateien sowie zugehörige Informationen erfasst. Der Katalog ist eine Datenbank, die einen Datensatz Ihrer Fotos enthält. In diesem werden Vorschauinformationen, Verweise auf die Speicherorte der Fotos auf dem Computer, Metadaten und im Entwickelnmodul angewendete Bearbeitungsanweisungen gespeichert. Wenn Sie Bilder bewerten, Metadaten hinzufügen und Fotos in Sammlungen zusammenfassen, wird all dies im Katalog gespeichert.

Die Ordner
Lightroom zeigt Ihnen nicht nur die angeschlossenen Platten an, sondern auch jene, auf denen sich Bilder befinden, die aber gerade nicht verfügbar sind. Per Klick auf die Titelleiste lassen sich dabei unterschiedliche Informationen, wie zum Beispiel die Anzahl der auf der Platte gespeicherten Fotos, anzeigen. Die grüne Leuchte links vor dem Festplattennamen zeigt dabei, dass diese angeschlossen ist. Sie können hier auch Ordner von einem Volume zum anderen verschieben, wenn Sie zum Beispiel unterwegs einen Import auf die interne Festplatte abgelegt haben und diesen später in das richtige Verzeichnis verschieben möchten.

Die Sammlungen
Hier fassen Sie eine Bildauswahl als Sammlung zusammen, um diese dann geschlossen zu bearbeiten und zu exportieren. Die Bildanzahl wird rechts angezeigt.

Die Veröffentlichungsdienste
Neues Feature in Version 3. Zur Definition immer wiederkehrender Exportoptionen und für die Ausgabe per Zusatzmodul zu Online-Bilderdiensten siehe Seite 137 …

Die rechte Bedienfeldleiste

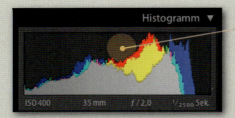

Das Histogramm
beeinflusst Schwarztöne, Lichterkorrektur, Belichtung und Lichterwiederherstellung in gleicher Weise wie die entsprechenden Tonwertregler im Grundeinstellungenbedienfeld. Nehmen Sie Anpassungen vor, indem Sie mit der Maus im Histogramm ziehen. Diese Anpassungen werden direkt auf die Regler im Grundeinstellungenbedienfeld übertragen.

Die Ad-hoc-Entwicklung
Bietet die gleichen Presets, die schon beim Import zur Verfügung standen. Dieses Panel ist eine Art Mini-Entwickelnmodul für den Weißabgleich und die Belichtungskontrolle. Sie können mehrere Bilder markieren und über die Pfeiltasten gleichzeitig bearbeiten.

Die Stichwörter
Hier finden wir die beim Import eingegebenen Suchbegriffe wieder und können diese jetzt sinnvoll ergänzen, außerdem liefert Lightroom hier sogar eigene Stichwortvorschläge. Wenn Sie einem neuen Bild das Wort ‚Apple' hinzufügen und dies früher schon getan haben, dann schlägt Lightroom verwandte schon einmal benutzte Begriffe wie ‚iPad' vor.

Anfang der 90er Jahre war ich bei der Bildagentur *Bilderberg* und lernte da die Bedeutung der ein Bild beschreibenden Stichwörter kennen. In einer Bildagentur telefoniert man ziemlich viel, vor allem mit anrufenden Fotoredakteuren oder Art-Buyern aus Agenturen. Diese haben nie viel Zeit, wissen aber immer ganz genau, was für ein Bild sie eigentlich suchen. Und damals musste man sich noch durch Tausende von Hängeregistern auf der Suche nach dem einen, richtigen Dia arbeiten, das man ja gerade erst letzte Woche gesehen hatte. Hier halfen die *Stichwörter* ungemein.
Es ist nicht notwendig, jedes Bild mit Dutzenden Begriffen zu beschreiben, wie es eine Stockphoto-Agentur tut. Aber es ist schon hilfreich, einige Schlüsselbegriffe einzugeben, denn diese Lightroom-Kataloge wachsen schneller als man glaubt...

Verwenden Sie auch die Spraydose, um Stichwörter auf mehrere Bilder aufzutragen.

BIBLIOTHEK

Die rechte Bedienfeldleiste

Stichwortsatz bearbeiten
Klicken Sie auf das Feld ‚Stichwortsatz', um Ihre eigenen Stichwortvorschläge als vordefinierte Liste abzuspeichern. Im folgenden Dialog erstellen Sie eine Gruppe von häufig verwendeten Begriffen.

Die Stichwortliste
führt alle von Ihnen bisher benutzten Stichwörter auf und zeigt mit der Zahl links auch, wie viele Ihrer Bilder damit ausgezeichnet sind. Wenn Sie mit der Maus über das betreffende Wort fahren, erscheint rechts ein Pfeil. Klicken Sie diesen an, werden nur die entsprechenden Bilder angezeigt.

Markieren Sie eine Gruppe von Bildern, die mit einem Stichwort versehen werden sollen, und ziehen Sie diese per Drag&Drop über das Wort, werden alle Bilder ausgezeichnet. Dies funktioniert auch anders herum, indem Sie ein Stichwort auf eine Gruppe ausgewählter Bilder ziehen und loslassen.

Lightrooms Bedienfelder verfügen über eine praktische Funktion, den *Solo-Modus*. Sie aktivieren diesen durch Klicken mit gedrückter Ctrl-Taste auf eine der Bedienfeld-Titelleisten. Danach ist nur noch das jeweils aktive Feld geöffnet, die anderen schließen sich automatisch. So haben Sie immer nur das gerade gewünschte Werkzeug im Zugriff.

Die Metadaten
beinhalten Kamerainformationen wie Belichtungszeit, Kameramodell und verwendetes Objektiv, alle zusammengefasst in den sogenannten EXIF-Daten. Zu diesen Standards können Sie eine Menge nützlicher Informationen anfügen.
Hier erzeugen Sie Ihre eigenen Vorgaben mit IPTC-konformen Copyright- und Kontaktinformationen in verschiedenen Variationen.

Die Filterleiste | Die Werkzeugleiste

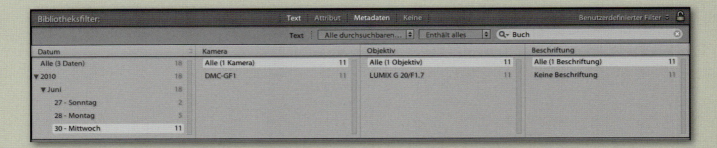

Blenden Sie die Filterleiste entweder unter *Ansicht/Filterleiste anzeigen* oder mit der Taste ‚<' ein und aus. Geben Sie im Bereich ‚Text' einen Begriff ein wie hier *Buch*, den wir ja beim Import vorhin als Stichwort angegeben haben. Sofort werden alle Bilder mit einem Bezug zum *Buch* angezeigt.

Der Bibliotheksfilter lässt Sie auch bequem nach Attributen suchen. In diesem Beispiel mit Bildern aus einer aktuellen Inszenierung meines Freundes Pit Holzwarth von Goethes Faust sind die mit einem weißen Fähnchen ausgezeichneten Bilder eingeblendet. Wir kommen noch zu den Auszeichnungsvarianten der Bibliothek, aber hier sind diese im Schnelldurchlauf: Neben den Fahnen folgt die Sterneskala, Sie können einen bis fünf vergeben, gefolgt von den Auswahlfarben. Wie Sie sehen, sind Faust-536 und 547 rot markiert, zusätzlich zur Fahne. Sie werden Ihre Bilder mit diesen Auszeichnungshilfen effektiv aufspüren. Am rechten Rand folgt noch die Anzeige für Masterfoto und virtuelle Kopie.

Wie Sie schon auf der Übersicht auf Seite 28 sehen konnten, befindet sich die Werkzeugleiste *(Taste T wie Tools)* mit Buttons für Rasteransicht (Seite 34), Lupe (35), Vergleichs- (36) und Überprüfungsansicht (37), zwischen Bildraster und Filmstreifen. Mit der Sprühdose verteilen Sie Metadaten auf nicht zusammenhängende Bilder, mit dem Sortierknopf verändern Sie die Reihenfolge der Bilder und mit dem Schieberegler die Größe der Miniaturen. Mit dem kleinen Dreieck rechts lassen sich weitere Werkzeuge hinzufügen.

BIBLIOTHEK

Der Filmstreifen

Der Filmstreifen schließt Lightrooms Interface am unteren Rand ab. Er zieht sich durch das ganze Programm, ist in allen Modi verfügbar und Ihr roter Faden bei der Bearbeitung Ihrer Fotografien. Links außen finden Sie die Einstellung für die Steuerung der Displays. Lightroom unterstützt zwei Monitore und hier können Sie einstellen, was auf welchem zu sehen ist. Im Beispiel habe ich den Zweitmonitor auf den Vergleichen-Modus gestellt.

Das Icon mit den vier Quadraten neben den Monitoren steht für die Rasterminiaturansicht des Bibliotheksmoduls und führt Sie immer zu dieser zurück. Oder drücken Sie ‚G'. Es folgen zwei Vor- und Rückwärts-Pfeile und die Pfadangabe der Position des aktuell ausgewählten Bilds. Das ist schön und gut, aber richtig nützlich ist das kleine Dreieck neben dem Pfad. Klicken Sie hier, um ein Popup-Menü zu öffnen, dass Sie zu Ihren zuletzt benutzten Ordnern und Sammlungen zurückkehren lässt. Und dies, ohne das gerade aktive Modul verlassen zu müssen. Dies ist sehr nützlich, wenn Sie gerade im Entwickelnmodul arbeiten und dann nicht mit ‚G' zur Bibliothek zurückwechseln möchten. Außerdem bietet das Menü eine Abkürzung zur *Schnellsammlung* und *Vorherigen Import*.

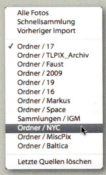

Der Filmstreifen endet auf der rechten Seite mit dem Direktzugriff auf die Filterleiste. Grenzen Sie Ihre Auswahl über das Ausklappmenü ein und speichern Sie bei Bedarf eigene Auswahlkriterien ab.

Die Rasteransicht

Ich mag meine Rasteransicht übersichtlich und Lightroom gibt einem eine großartige Kontrolle über die eingeblendeten Bildinfos. In einem Beispiel wie dem hier, Vibraphonist Joe Locke mit seinem Kollegen Joe Lovano backstage bei der Jazz Baltica, geht es mir vor allem darum, die Bilder schon in der Voransicht beurteilen zu können. Also blende ich nichts weiter ein als die laufende Nummer und den Bildnamen.

Passen Sie die Rasteransicht im Menü unter *Ansicht/Ansicht-Optionen* oder einfach mit ⌘-J an. Das Dialogfenster hier links erscheint und gibt Ihnen die Wahl zwischen Kompakten oder Erweiterten Zellen. Für diese beiden Anzeigemöglichkeiten können Sie aus diversen Bildinformationen wählen. Für mich ist in diesem Fall weniger mehr, denn Lightrooms Interface verfügt über genug Möglichkeiten, uns über den Status unserer Bilder auf dem Laufenden zu halten. Hier im Vergleich die Erweiterte Zelle für Bild 405, mit roter Markierung und fünf Sternen.

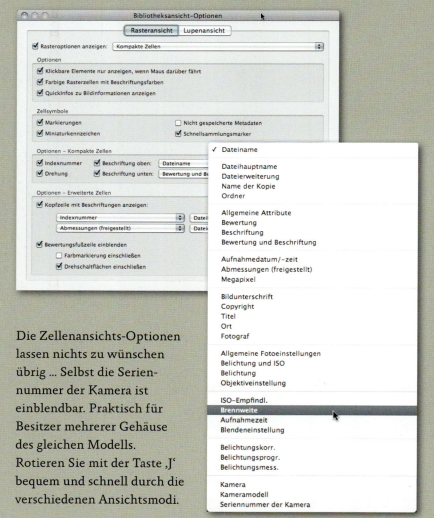

Die Zellenansichts-Optionen lassen nichts zu wünschen übrig ... Selbst die Seriennummer der Kamera ist einblendbar. Praktisch für Besitzer mehrerer Gehäuse des gleichen Modells. Rotieren Sie mit der Taste ‚J' bequem und schnell durch die verschiedenen Ansichtsmodi.

BIBLIOTHEK

Die Lupenansicht

Das Gleiche gilt für die Optionen zur Lupenansicht, die sich neben denen für das Bildraster befinden. Klicken Sie einfach den Reiter an. Auch hier bietet Lightroom eine Unmenge von detaillierten Informationen zum vergrößert dargestellten Einzelbild. Sie können sogar die Seriennummer Ihrer Kamera anzeigen lassen. Ich beschränke mich auch in diesem Fall auf das Wesentliche, die Belichtungszeit, Blende und Empfindlichkeit gefolgt vom Objektiv in der zweiten Zeile. Von den drei Anzeigemöglichkeiten ist die erste etwas größer gehalten, weswegen ich diese für den Bildnamen verwende. Wie auch bei der Rasteransicht können Sie durch die Modi rotieren, in diesem Fall mit ‚I'.

Um aus der Rasteransicht eines Bilds zu seiner Vergrößerung zu gelangen, können Sie entweder die Taste ‚E' drücken oder doppelklicken. Bedenken Sie beim Einzoomen, dass die Einstellungen im Navigator bestimmen, wie sich Ihre Lupe verhält. Die Einstellung ‚Einpassen' funktioniert für mich am besten, denn das Bild wird nach einem Doppelklick auf die Rasteransicht in seiner Gesamtheit auf den verfügbaren Raum vergrößert. Wenn Sie dann mit dem Cursor, der sich zur Lupe gewandelt hat, in das Bild klicken, gelangen Sie zur 1:1- Ansicht. Außerdem können Sie die Bildvergrößerung mit dem Zoom-Regler der Werkzeugleiste verändern und den Ausschnitt mit dem Navigator-Rechteck verschieben.

Die Vergleichsansicht

Porträts spielen in meiner täglichen Arbeit eine große Rolle. Schnell hat man plötzlich 23 Bilder, die nur Sekunden auseinander aufgenommen wurden, und das beste will schnell gefunden werden. Markieren Sie Ihren vorläufigen Favoriten und das nächstbeste Bild und versuchen Sie es mit der *Vergleichsansicht*. Danach klicken Sie entweder den Button in der Werkzeugleiste (Seite 32) oder

drücken die Taste ‚C'. Das ausgewählte Bild erscheint links und ist im Filmstreifen mit einem weißen Karo markiert, der Kandidat rechts daneben mit schwarzem Karo. Drücken Sie ⇧→|, um sich ganz auf die Bilder zu konzentrieren. Wechseln Sie mit den Rechts- und Links-Pfeiltasten der Tastatur ← → oder

den Pfeilbuttons der Werkzeugleiste durch die Kandidaten, bis Sie das passende Bild gefunden haben. Versehen Sie es mit einer Farbmarkierung, um es später in einer Sammlung ausfindig zu machen. Sollte Ihnen ein Kandidat besser gefallen als der bisherige Favorit, dann weisen Sie ihm mit ↑ den Auswahlstatus zu.

Die beiden zu vergleichenden Bilder sind über den *Verknüpfungsfokus* aneinander gekoppelt. Lösen Sie diese

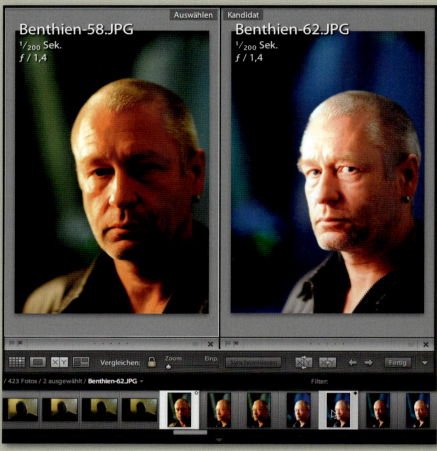

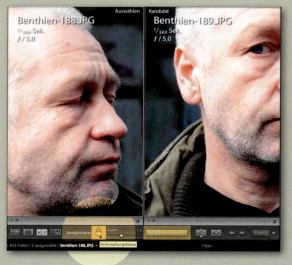

Verbindung mit dem Schloss, um unterschiedliche Zoomfaktoren und Bildausschnitte zu begutachten. Klicken Sie einfach auf den *Synchronisieren*-Button, um zur Verknüpfung zurückzukehren.

Während Sie mit der Vergleichsansicht das besten zweier Bilder bestimmen, vergleichen Sie mit der *Überprüfungsansicht*

BIBLIOTHEK

Die Überprüfungsansicht

eine ganze Gruppe von Aufnahmen. Markieren Sie eine Auswahl an Bildern im Filmstreifen oder in der Rasteransicht und klicken Sie den Button in der Werkzeugleiste (oder drücken Sie ‚N'). Das ausgewählte Bild ist durch einen weißen Rahmen markiert. Wenn Sie jetzt nach der Ausschlussmethode vorgehen, entfernen Sie die verworfenen Motive mit einem Klick auf das X in der rechten unteren Bildecke aus der Auswahl. Nach dem Entfernen eines Bilds werden die verbleibenden Fotos auf die zur Verfügung stehen-

de Fläche verteilt. Bilder lassen sich auch in der *Überprüfungsansicht* mit Auszeichnungen versehen, wie hier mit der grünen Farbmarkierung.

Der Hintergrund der *Überprüfungsansicht* lässt sich per Kontextmenü den ausgewählten Motiven entsprechend einfärben, zum Beispiel in Dunkelgrau.

37

Die Ansichtsmodi

Rotieren Sie mit der Taste ‚L', wie im nebenstehenden Beispiel, durch die Beleuchtungsmodi.

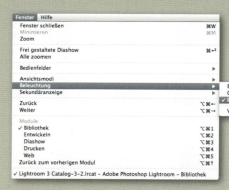

Oder rotieren Sie mit der Taste ‚L' durch die Modi. Einmal L dimmt das Display, zweimal L schaltet die Beleuchtung ganz aus. Dann sehen Sie die Bilder wie früher die Dias auf dem Leuchttisch, unbeeinflusst von den Menüs ringsum. Im Bild oben sehen Sie links die Normalansicht, in der Mitte die Dimmung und rechts die komplette Abdunkelung. Die Dimmerstufe, der Standardwert ist 80%, und Bildschirmfarbe für die Abdunkelung sind wie hier unten abgebildet in den Programm-Voreinstellungen unter Benutzeroberfläche verstellbar.

Lightrooms Benutzeroberfläche ist zwar aufgeräumt und übersichtlich, aber um Bilder noch besser beurteilen zu können, lässt sich die Benutzeroberfläche abdimmen oder komplett abdunkeln. Sie finden diese Funktion im Programm-Menü unter *Fenster/Beleuchtung*. Im Ausklappmenü sehen Sie die drei verschiedenen Modi, *Ein*, *Gedämpft* und *Aus*.

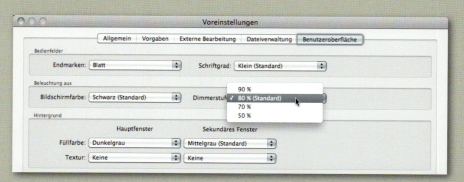

BIBLIOTHEK

Die Ansichtsmodi

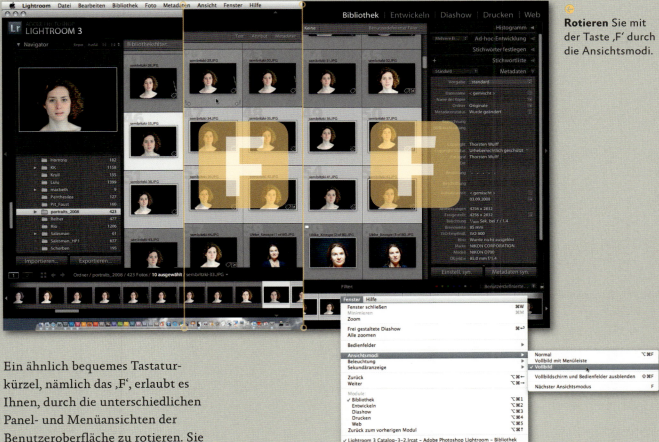

Rotieren Sie mit der Taste ‚F' durch die Ansichtsmodi.

Ein ähnlich bequemes Tastaturkürzel, nämlich das ‚F', erlaubt es Ihnen, durch die unterschiedlichen Panel- und Menüansichten der Benutzeroberfläche zu rotieren. Sie finden diese Einstellungen auch im Menü unter *Fenster/Ansichtsmodi*. Die Grundeinstellung *Normal*, mit Menü und auch dem Dock eingeblendet, können Sie auch mit dem Kürzel ⌥⌘-F auswählen. Einmaliges Drücken von F verbirgt die Titelleiste der Datei, zweimaliges wechselt in den Vollbildmodus. Sicherheitshalber informiert Lightroom in diesem Fall darüber, dass man mit erneutem Drücken von F wieder in die Normalansicht gelangt. Außerdem stimmt mit dem Bild von Florian etwas nicht, es ist offline oder fehlt. Mehr dazu auf Seite 42 …

39

Der Katalog

Mein aktueller Katalog hört auf den Namen *Lightroom 3 Catalog3-2.lrcat*. Er befindet sich im Ordner Lightroom und dieser wiederum im Bilder-Ordner auf meiner Festplatte. Dieser Katalog enthält momentan 21.846 Fotos. Natürlich müssen Sie sich nicht mit einem einzelnen Katalog begnügen, ganz im Gegenteil, Sie können für jeden Fotojob einen neuen anlegen. Hierfür brauchen Sie nichts zu tun, als im Menü *Datei/Neuer Katalog* auszuwählen. Wir bestimmen einen Speicherort, in diesem Fall den Buch-Ordner, und klicken auf Erstellen. Wundern Sie sich nicht über die folgende Meldung *Lightroom – Katalog Lightroom 2 Catalog-2.lrcat wird geschlossen*. Lightroom kann immer nur mit einem aktiven Katalog arbeiten und startet mit dem gerade angelegten Katalog Porträts neu. Sie müssen also bei jedem Katalogwechsel das Programm neu starten, so wie man früher bei SCSI auch immer den Rechner rebooten musste.

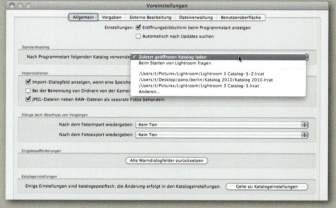

In den Voreinstellungen können Sie unter *Allgemein*, dem ersten Reiter, festlegen, wie Lightroom die Katalogfrage beim Neustart handhaben soll. Sie haben die Möglichkeit, bei jedem Neustart den zuletzt genutzten Katalog zu verwenden, oder den gewünschten manuell zu wählen. Dann müssen Sie bei jedem Programmstart entscheiden, mit welcher Datenbank Sie arbeiten möchten.

Natürlich ist es möglich, während der Arbeit einen anderen Katalog auszuwählen. Nutzen Sie hierfür im Menü die Option *Datei/Letzte Dateien öffnen* und dann den entsprechenden Katalog.

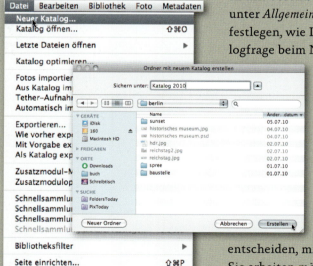

BIBLIOTHEK

Der Katalog

Bei der Option *Katalog auswählen* können Sie beim nächsten Neustart per Radiobutton festlegen, den betreffenden Katalog immer zu verwenden und bei der Gelegenheit auch dessen Integrität zu testen. Lightroom-Kataloge lassen sich per Backup sichern. Wie auf Seite 29 erwähnt, sind alle Stichwörter, Metadaten und Entwicklungseinstellungen in dieser Datenbank gespeichert, nur die Originalaufnahmen nicht. Beim ersten Öffnen eines Katalogs aus einer älteren Version muss dieser für die Nutzung in Lightroom 3 aktualisiert werden.

In den Katalog-einstellungen wählen Sie aus, wann Lightroom ein solches Backup des Katalogs anfertigen soll. Dies kann zwischen einmal pro Tag, Woche, Monat oder jedes Mal beim Beenden des Programms erfolgen.

Sie sollten sich für eines dieser Modelle entscheiden, vielleicht die wöchentliche Lösung. Das Backup ist nur sehr klein und wird in einem eigenen Ordner im Programmordner gespeichert. Wenn der originalen Katalogdatei etwas zustößt, sie versehentlich gelöscht oder anderweitig beschädigt wird, rekonstruieren Sie Ihre Daten mit dem Backup. Hierfür öffnen Sie mit *Datei/Katalog öffnen* die Datei mit der Endung *.lrcat* im Backup-Ordner und das Problem ist gelöst. Ohne Backup stehen Sie vor möglicherweise Zehntausenden Fotos, die alle ihre Auszeichnungen, Zuordnungen und Bearbeitungen verloren haben.

Lightroom bietet unter *Datei/Katalog optimieren* (nicht mehr in den Katalogeinstellungen) die Option zur Optimierung der Datenbank an. Setzen Sie diese ein, wenn das Programm nicht mehr so schnell wie gewohnt arbeitet, es lohnt sich gerade bei großen Bildsammlungen, regelmäßige Optimierungen durchzuführen.

Jetzt direkt im Dateimenü zugänglich: die Katalogoptimierung

Verlorene Bilder (und wie man sie wiederfindet)

Es kann schon mal vorkommen, dass Ihnen Bilder verloren gehen. Lightroom zeigt dies in der Rasteransicht  mit einem kleinen Fragezeichen und wird in der Lupenansicht noch deutlicher. Sie sehen das fehlende Foto zwar als Vorschau, aber es lässt sich nicht im Entwickelnmodul bearbeiten, hierfür sind die Feindaten erforderlich. Klicken Sie auf das Fragezeichen, um diese wiederzufinden. Ein Fenster öffnet sich, in dem Lightroom uns über den letzten bekannten Aufenthaltsort des vermissten Bilds informiert, */Volumes/501/Florian Hacke/*.

In diesem Fall handelt es sich um eine nicht angeschlossene Festplatte, was nur ein kleines Problem darstellt. Sobald Sie das fehlende Volume anschließen, findet Lightroom das Bild und Sie können es bearbeiten. Sollte das Bild allerdings verschoben worden sein, dann lokalisieren Sie es mit einem Klick auf den *Suchen*-Button.

Sie gehen ähnlich vor, um einen vermissten Ordner zu finden. Ctrl-klicken Sie hierfür das Ordnersymbol in der Bedienfeldleiste und starten Sie so die Suche.

Thomas de Maizière mit Personenschützer an der Spree, *Berlin*
Lumix GF1 | 20 mm ƒ11 | 1/250 Sek. ISO 400

Die Bildauswahl

So. Wir haben einen Katalog angelegt, Bilder in diesen importiert, wir haben das Interface von Lightroom kennengelernt und können jetzt endlich die Bilder auswählen. Früher, in der analogen Zeit, gab es diesen Moment beim Fotografieren, wo ich mir hundertprozentig sicher war, das perfekte Bild gemacht zu haben. Vielleicht kennen Sie dieses Gefühl. Man ist in einer fremden Stadt, die Kamera in der Hand, und schlendert über einen belebten Marktplatz. Entspannt, aber das Auge sucht doch immer nach einer Bildkomposition. Dann entdeckt man eine Personengruppe, die in eine bestimmte Richtung läuft, einer Lichtstimmung oder einer Symmetrie mit einem Stück Architektur entgegen. Oft hat man dann nicht viel Zeit, man nimmt die Kamera hoch, fokussiert und drückt ab. Und wo man heute das Bild sofort auf dem Display überprüfen kann, vergingen früher Tage und Wochen bis zur Filmentwicklung. Meine Dunkelkammer war ein ehemaliger Bunkerraum im Keller, mit einer dicken Spezialtür eingefasst in einem massiven Stahlrahmen, wo sich Besucher manchmal die Köpfe stießen. Aber es war immer wunderbar kühl im Sommer, wenn ich meine Filme entwickelte. Nach dem Fixieren warf ich den Film kurz in ein Wasserbecken, um ihn gleich darauf herauszunehmen, das Wasser zwischen Daumen und Zeigefinger abzustreifen und die frischen, noch empfindlichen Negative vor die Lampe zu halten. Und da war sie dann, mit Wassertropfen benetzt. Die perfekte Aufnahme. Der richtige Moment. Ich habe mich nie mit einem Kontaktabzug aufgehalten, sondern sobald der Film getrocknet war immer gleich angefangen, Abzüge zu machen. Für die Bildauswahl hat mir immer das Negativ gereicht. In den Fotoredaktionen dagegen war es gängige Praxis, die Bilder auf den Kontaktbögen mit roten Wachsstiften anzukreuzen, so ähnlich funktioniert das bei Lightroom auch ...

Wobei Lightroom es uns natürlich wesentlich leichter macht, die perfekten Bilder von den guten zu trennen. Das System von Auszeichnung und Filtern erlaubt diverse Zusammenstellungen für das spätere Archivieren in Sammlungen und Smart-Sammlungen. Bestimmen Sie Ihre Favoriten mit Flaggen und vergeben Sie aufsteigend einen bis fünf Sterne, bei Bedarf mit einer zusätzlichen Farbauszeichnung. Es macht einfach Spaß.

Ozone Layer and Yam Mounds, *El Anatsui.*
Alte Nationalgalerie, Berlin
Lumix GF1 | 20 mm f5,6 | 1/250 Sek.
ISO 400

BIBLIOTHEK

Die Bildauswahl | Flaggen

Nach dem Import konfrontiert die Rasteransicht der Bibliothek Sie mit all Ihren Fotos. Das ist spannend, denn jetzt haben Sie ja zum ersten Mal nach der Aufnahme die Gelegenheit, festzustellen, ob die Bilder scharf und einigermaßen richtig belichtet sind. Manchmal stellt man fest, dass ausgerechnet das beste Bild einer Serie leicht unscharf ist, aber es muss ja nicht immer alles scharf sein. Wählen Sie Ihre Favoriten mit der Taste ‚P' aus. Diese Bilder werden mit einer weißen Flagge markiert. Zusätzlich blendet Lightroom kurz einen Hinweis zum Auswahlstatus ein, wie hier rechts zu sehen. Bestimmen Sie also zuerst Ihre Top-Favoriten. Bilder, die offensichtlich nicht Ihren Anforderungen genügen, ob aus gestalterischen oder technischen Gründen, verwerfen Sie direkt mit der Taste ‚X'. Sollten Sie Ihre Meinung später ändern, lässt sich die Bewertung mit ‚U' wieder entfernen. Beschleunigen Sie diesen Prozess noch weiter, indem Sie bei der Auswahl ‚⇧-P' klicken, so gelangen Sie nach der Bewertung direkt zum nächsten Bild. Treffen Sie die Flaggenauswahl auch mit den Buttons der Werkzeugleiste oder mittels des Menüs unter *Foto/Markierung festlegen/*.

Verwenden Sie auch die Spraydose, um Markierungen auf mehrere Bilder aufzutragen.

Die Bildauswahl | Filter | Fotos verbessern

Im nächsten Schritt filtern Sie Ihre getroffene Auswahl mit dem Filmstreifen. Klicken Sie dafür auf den Button mit der weißen Fahne, dann werden alle nicht mit ‚P' markierten Bilder ausgeblendet. Der zweite Button zeigt die unmarkierten Fotos, der dritte die verworfenen. Sie können diese dritte Gruppe natürlich einfach ausblenden und ignorieren, denn es kann ja sein, dass sich doch noch eine Perle unter diesen Aufnahmen befindet, oder die abgelehnten Bilder entweder nur aus dem Katalog entfernen oder sie komplett löschen. Lassen Sie sich über den Filter nur die mit ‚X' markierten Bilder anzeigen, markieren Sie diese und drücken Sie die Löschtaste Ihrer Tastatur. Hierdurch werden die Bilder direkt vom Speicherort in den Papierkorb verschoben und beim nächsten Entleeren gelöscht.

Eine andere, sehr effektive Methode, die Bildsammlung auszudünnen, bietet die Menüoption *Bibliothek/Fotos verbessern*. Hiermit reduzieren Sie Ihre Bildauswahl in wenigen Durchgängen auf die besten Motive. Markieren Sie alle gewünschten Bilder mit ‚P' und wählen Sie danach *Fotos verbessern* aus (⌘ ⌥-R). Hierdurch werden sämtliche nicht ausgewählten Bilder als abgelehnt markiert und bei den vormals ausgewählten wird die Markierung aufgehoben. Gehen Sie danach mit den verbleibenden Fotos in die nächste Runde oder verwenden Sie eine der anderen Auszeichnungsmethoden.

Die Bildauswahl | Sterne

Theaterfotografie. In analogen Zeiten hätten zwei Filme für einen Abend gereicht. Heute werden es oft mehr als 1.000 Bilder. Die beste Methode, hier schnell für Übersichtlichkeit zu sorgen, ist die Bewertung mit Sternen. In einem ersten Durchgang versehe ich jedes in Frage kommende Motiv mit einem Stern, auch mehrere sich ähnelnde Bilder einer bestimmten Szene. In der Rasteransicht legen Sie die Sternmarkierung unter dem Bild direkt in der erweiterten Zelle mit der Maus fest. Klicken Sie entweder auf den gewünschten Stern oder klicken und ziehen Sie, bis der richtige Wert erreicht ist. Der schnellste Weg, wie hier in der Lupenansicht, ist das Drücken der Tasten 0 bis 5. Kombinieren Sie die Zahl mit der ‚⇧'-Taste, um direkt nach der Bewertung zum nächsten Bild zu springen. Der Wert einmal vergebener Sterne lässt sich mit den Tasten ‚Komma' und ‚Punkt' der Tastatur verringern und erhöhen. Im aktuellen Beispiel von Shakespeares *Wie Es Euch Gefällt* habe ich mit **1.539** Bildern begonnen, nach der ersten Bewertungsrunde war diese Zahl auf schon übersichtlichere **188** zusammenschmolzen. Ein Klick auf den einzelnen Stern in der Filterleiste blendet die unbewerteten Bilder aus. In einem weiteren Durchgang werden die Bilder dann mit zwei Sternen versehen, bis Sie schließlich Ihre gewünschte Endauswahl erreicht haben. Mit den Filtern lässt sich diese präzisieren und mittels der Farbauswahl noch weiter feinjustieren.

Sternbewertung über das Programm-Menü

Lightroom blendet die erfolgte Bewertung kurz ein.

Die Bildauswahl | Sterne | Farbbeschriftungen

Nach der ersten Bewertungsrunde verbleiben noch 188 von 1539 Fotos. Kein Problem mit Lightrooms umfangreichen Filterfunktionen.

Nachdem die Auswahl mittels Sternen und Filterung abgeschlossen ist, wenden wir uns den Farbmarkierungen zu. Sagen wir, Sie wollen alle Hochformatbilder für die Verwendung als potenzielles Plakatmotiv markieren. Wie bei den anderen Auszeichnungsmethoden können Sie die Bilder direkt über die Tastatur markieren, in diesem Fall mit den Tasten 6 bis 9. Die letzte Farbe, in der deutschen Vorgabe ist es Lila, hat kein Kürzel, denn die Null ist ja mit der Funktion *Null Sterne* besetzt. Auch hier können Sie mit der ‚⇧'-Taste bewerten und direkt weiterschalten oder die Menüfunktion hierfür aktivieren. Im Menü befindet sich die Farbauswahl unter *Foto/ Farbmarkierung festlegen* und wie bei der Auswahl mit Flaggen und Sternen lässt sich auch die Werkzeugleiste verwenden. Nach Abschluss der Farbbeschriftung lassen sich mithilfe des Filters nunmehr alle

Grenzen Sie die Auswahl mittels der Farbbeschriftung weiter ein.

Beschriftung auf "Grün" festlegen

grün markierten Bilder mit einem Stern separat anzeigen.

Unter *Metadaten/Farbmarkierungssatz* lassen sich die Voreinstellungen anpassen. Sie haben die Wahl zwischen den Standards von Lightroom und Bridge oder der Eingabe eigener Bezeichnungen.

BIBLIOTHEK

Aufnahmezeit bearbeiten

Sollten Sie mit mehreren Kameras gleichzeitig fotografieren, denken Sie daran, die inneren Uhren vorher zu justieren. Sonst geht es Ihnen wie mir bei Shakespeare. Statt immer zwischen Tele und Weitwinkel hin- und herzuwechseln, habe ich stattdessen das 80-200er auf der D3 belassen und für die Totalen die Lumix benutzt. Natürlich hatte ich die Uhren der Kameras nicht verglichen. Es stellte sich heraus, dass die Nikon nicht auf Sommerzeit gestellt war und zusätzlich vier Minuten vorging. Nach dem Import lagen die Bilder der Lumix also weit von denen der D3 entfernt. Die Art, wie Lightroom die Bilder in der Bibliothek sortiert, lässt sich in der Werkzeugleiste von Aufnahmezeit bis Seitenverhältnis einstellen. Um die richtige Reihenfolge herzustellen,

Zeitzonenanpassung vorzunehmen oder alle Bilder auf eine Aufnahme zu synchronisieren. Lightroom ändert die Uhrzeit der 1187 Bilder der D3 in Sekunden und im Bibliotheksfenster liegen die Fotos beider Kameras in der richtigen Reihenfolge nebeneinander. Und keine Sorge, Lightroom erlaubt für alle Fälle, per Menü jederzeit zur ursprünglichen Aufnahmezeit zurückzukehren.

Der Wechsel von der Sommer- zur Winterzeit ist für Lightroom kein Problem.

In der richtigen Reihenfolge: die Bilder von D3 (Gelb) und GF1 (Rot)

müssen Sie also zuerst die Differenz zwischen beiden Kameras herausfinden. Dann markieren Sie die betreffenden Aufnahmen und wählen aus dem Menü *Metadaten/Aufnahmezeit bearbeiten*. Stellen Sie in der folgenden Dialogbox den entsprechenden Differenzbetrag ein. Hier ist es möglich, einen exakten Zeitpunkt sekundengenau einzugeben, eine

Schnellsammlungen

Nachdem die Auswahl geschafft ist, lässt Lightroom Sie Ihre Bilder in Sammlungen zusammenfassen. Fotos in einer Sammlung lassen sich beispielsweise zu einer Diashow, einem Kontaktabzug oder einer Web-Fotogalerie zusammenstellen. Wenn Sie Sammlungen erstellt haben, sind diese praktischerweise global im Sammlungenbedienfeld des **Bibliothek-, Diashow-, Druck- und Webmoduls** verfügbar. Wenn Sie es eilig haben und vielleicht nur schnell ein paar Bilder dem Kunden zeigen oder ins Web exportieren wollen, dann bietet sich die *Schnellsammlung* an. Sie können die Schnellsammlung bei Bedarf noch in eine dauerhaft bestehende Sammlung umwandeln. Wählen Sie bei ausgewählten Bildern im Menü *Foto/Zur Schnellsammlung hinzufügen* oder drücken Sie ‚B'.

Sie finden die Schnellsammlung im Katalogbedienfeld des Bibliothekmoduls. Bei Bedarf können Sie die Bilder mit B oder *Foto/Aus der Schnellsammlung entfernen* entfernen. Sie können die komplette Schnellsammlung mit ⌘⇧-B löschen oder die in ihr temporär gesammelten Fotos mit ⌘⌥-B in eine permanente Sammlung umwandeln. Hierbei können Sie festlegen, ob die Schnellsammlung danach gelöscht wird. Pro Lightroom-Katalog kann es nur eine Schnellsammlung geben, die Zahl der regulären Kataloge dagegen ist unbegrenzt.

Im Unterschied zu Katalogen sind Sammlungen Fotogruppen innerhalb eines Katalogs.

→ Ein Foto kann mehreren Sammlungen angehören.

→ Sie können die Reihenfolge der Fotos in einer normalen Sammlung ändern; in einer Smart-Sammlung können Sie jedoch weder die Option *Benutzerreihenfolge* verwenden noch die Fotos ziehen, um die Reihenfolge zu ändern.

→ Wenn Sie ein Foto aus einer Sammlung entfernen, wird es nicht zugleich aus dem Katalog entfernt oder in den Papierkorb verschoben.

BIBLIOTHEK

Sammlungen

Nach der Schnellsammlung befassen wir uns mit den permanenten Sammlungen. Wählen Sie bei ausgewählten Bildern im Menü *Bibliothek/Neue Sammlung* oder drücken Sie ⌘-N.

Oder klicken Sie im Sammlungenbedienfeld auf das Pluszeichen (+) und wählen Sie *Sammlung erstellen*. Geben Sie im Dialogfeld ‚Sammlung erstellen' einen eindeutigen Namen für die neue Sammlung ein. Ich habe im Beispiel für eine Ausstellung bestimmte Bilder gewählt und nenne die Sammlung der Einfachheit halber *Ausstellung*. Sie können jetzt festlegen, ob die Sammlung Teil eines Sammlungssatzes sein soll. Da wir noch keinen solchen haben, belassen wir die Einstellung bei ‚Ohne'. Wir schließen die ausgewählten Fotos ein und klicken auf ‚Erstellen'. Die neue Sammlung erscheint darauf im Bedienfeld.

Als Nächstes generieren wir einen Sammlungssatz für *Ausstellung*. Sammlungssätze sind Behälter, in denen Sie diverse Sammlungen unter einem Oberbegriff gruppieren können. Wählen Sie *Bibliothek/Neuer Sammlungssatz* oder klicken Sie im Sammlungenbedienfeld auf das Pluszeichen (+) und wählen Sie *Sammlungssatz erstellen*. Geben Sie im Dialogfeld ‚Sammlungssatz erstellen' einen Namen für den Sammlungssatz ein. Nennen wir den Satz einfach mal *Theater*. Wenn Sie den neuen Satz in einen schon vorhandenen Satz integrieren wollen, zum Beispiel *Darstellende Kunst* oder so etwas, dann wählen Sie den vorhandenen Satz im Menü ‚Festlegen' aus. Andernfalls wählen Sie ‚Keine' und klicken Sie auf ‚Erstellen'.

Ziehen Sie jetzt *Ausstellung* im Sammlungenbedienfeld in den Sammlungssatzordner *Theater* und das Bedienfeld ist gleich übersichtlicher. Neu in Version 3: Sammlungen lassen sich über das Kontextmenü als Katalog exportieren.

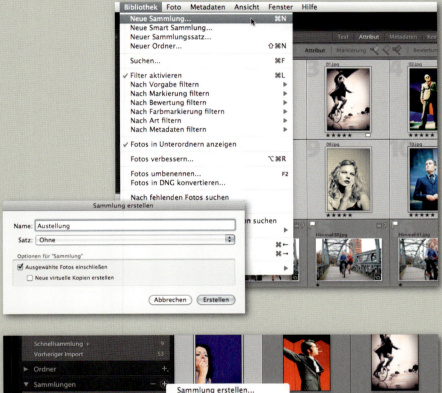

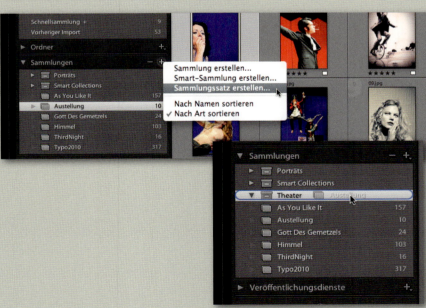

51

Zielsammlungen +

Durch eine Zielsammlung können Sie einer permanenten Sammlung wie *Ausstellung* zeitweise die Eigenschaften der Schnellsammlung verleihen. Zielsammlungen sind eine einfache Möglichkeit, Fotos für die weitere Verarbeitung zu gruppieren.

Bestimmen Sie im Sammlungen-Bedienfeld die Sammlung, die Sie als Ziel angeben möchten.
Wählen Sie im Kontextmenü (starten Sie es mit der rechten Maustaste, der Ctrl-Taste oder auf den aktuellen MacBooks mit der von Ihnen dafür definierten Ecke des Trackpads) *Als Zielsammlung festlegen*.
Beachten Sie, dass der Sammlung *Ausstellung* im Beispiel ein Pluszeichen neben dem Namen angefügt wurde, was anzeigt, dass *Ausstellung +* jetzt eine Zielsammlung ist.
Um nun Bilder zu einer Zielsammlung hinzuzufügen, drücken Sie bei den gewünschten Fotos die Taste ‚B', genau wie vorhin bei der Schnellsammlung. Wenn Sie ein Foto entfernen möchten, wählen Sie die Zielsammlung aus und markieren Sie das Foto im Bibliotheksraster. Drücken Sie dann erneut ‚B'.
Wenn Sie fertig sind, sollten Sie die Funktion wieder ausschalten, sonst landen alle für die Schnellsammlung bestimmten Fotos stattdessen bei *Ausstellung* und Sie wundern sich. Klicken Sie zum Deaktivieren einfach erneut über das Kontextmenü auf *Als Zielsammlung festlegen*, dann ist alles wieder beim Alten.

Ein Klick auf dieses Icon zeigt, in welchen Sammlungen dieses Bild enthalten ist.

BIBLIOTHEK

Smart-Sammlungen

Zum Schluss unseres Exkurses über Sammlungen wenden wir uns der intelligentesten Variante zu, der Smart-Sammlung. Smart-Sammlungen haben natürlich nichts mit dem praktischen Kleinwagen zu tun. Sie basieren auf benutzerdefinierten Metadatenkriterien. Das heißt, Sie können sich Ihre eigene, automatisierte und ständig aktualisierte Wunschsammlung zusammenstellen. Lightroom bietet zum Start eine Reihe von vorgegebenen Sammlungen, *Rot markiert*, *Fünf Sterne*, *Letzter Monat*, *Kürzlich bearbeitet* und *Ohne Stichwörter*. Um eine Smart-Sammlung anzulegen, wählen Sie *Bibliothek/Neue Smart-Sammlung* oder klicken Sie im Sammlungenbedienfeld auf das Pluszeichen (+) und wählen Sie *Smart-Sammlung erstellen*. Geben Sie im Dialogfeld einen Namen für die Smart-Sammlung ein und weisen Sie sie nach Bedarf einem vorhandenen Satz zu. Jetzt kommt der spannende Teil. Legen Sie Regeln für die Smart-Sammlung fest, indem Sie Optionen aus den Popup-Menüs auswählen. Klicken Sie auf das Pluszeichen (+), um weitere Kriterien hinzuzufügen. Klicken Sie auf das Minuszeichen (-), um Kriterien zu entfernen. Mit dem Kontextmenü und dem Pluszeichen können Sie verschachtelte Optionen wie *Beliebige/Alle/Keine* hinzufügen. Wählen Sie im Menü ‚Entspricht' aus, welche der Kriterien erfüllt sein müssen, und klicken Sie auf ‚Erstellen'. Ich habe die Sammlung im Beispiel *Rot Fünf* genannt. Alle, die Star Wars gesehen haben, wissen, das war Luke Skywalkers X-Wing beim Angriff auf den Todesstern. Unsere Smart-Sammlung erkennt und sammelt automatisch alle Bilder, die mit *Fünf Sternen* und der Farbe *Rot* ausgezeichnet sind. Alle Bilder in Ihrem Katalog, die schon mit dieser Beschriftungskombination versehen waren, tauchen sofort auf und alle, die Sie in Zukunft so auszeichnen, werden der Sammlung automatisch angefügt. Die Kombinationsmöglichkeiten für Smart-Sammlungen sind nahezu endlos, Sie können Ihre Lieblingsbilder im ständigen Zugriff haben oder die besten aus der letzten Woche, alles ist möglich. Sie erkennen eine Smart-Sammlung im Bedienfeld an dem kleinen Zahnrad im Fotostapel-Icon.

53

Bilder stapeln

Die Bibliothek bietet Ihnen mit der Stapelfunktion im Ordnerbedienfeld eine Möglichkeit, eine Reihe ähnlicher oder zum selben Zeitpunkt aufgenommene Bilder platzsparend zu einer einzigen Miniatur zusammenzufassen. Um eine Gruppe von Bildern in einem solchen Stapel zusammenzufassen, markieren Sie diese gemeinsam mit der ⇧-Taste und drücken Sie dann ⌘-G. Oder wählen Sie *Foto/Stapeln/In Stapel gruppieren*. In der Rasteransicht ist jetzt nur noch eine Zelle übrig, in der Miniaturansicht versehen mit der Nummer der unter ihr gestapelten Aufnahmereihe.

Stapel in der Rasteransicht:

Um diesen Stapel wieder aufzuklappen, drücken Sie (bei ausgewählter Zelle) entweder ‚S' oder klicken Sie auf die doppelte Linie links neben der Miniatur. Oder Sie klicken einfach auf die Zahl. In jedem Fall gleiten die anderen Bilder des Stapels elegant unter der Zelle nach rechts hervor und füllen die Rasteransicht wieder auf. Wenn ein anderes Bild den Stapel als Miniatur besser repräsentiert, so lässt es sich über das Haupt- oder Kontextmenü beziehungsweise mit ⇧-S an den Stapelanfang verschieben. Sollten Sie diesen Stapel nicht mehr benötigen, lösen Sie ihn einfach mit ⇧⌘-G oder über das Menü wieder auf.

BIBLIOTHEK

Bilder stapeln | Video

Lightroom hat dafür einen komfortablen Schieberegler, mit dem Sie die Zeitabstände zwischen den Stapeln vorgeben können (im Menü unter *Foto/Stapeln/Automatisch nach Aufnahmezeit stapeln...*). Wählen Sie zwischen ‚Mehr Stapel' und ‚Weniger Stapel' und steuern Sie die Funktion über den Schieberegler in Echtzeit. Wenn Sie den Regler verschieben, wird dessen Wirkung direkt im Bibliotheksraster angezeigt. Sie können für die Dauer zwischen den Aufnahmezeitpunkten einen Bereich von 0 Sekunden bis 1 Stunde festlegen. Kürzere Zeitabstände erzeugen daher mehr Stapel als längere Abstände.

Kameras wie Canons 5D Mark II werden bei professionellen Filmproduktionen eingesetzt und in den kommenden Jahren wird es selbstverständlich werden, auch Blockbuster auf Digitalen Spiegelreflexkameras zu drehen. Lightroom 3 erkennt und importiert Videos, kann diese allerdings weder bearbeiten noch abspielen. Möglich wäre da eine ähnliche Vernetzung Lightrooms mit Adobes Videoeditierprogrammen After Effects und Premiere, wie sie jetzt schon mit Photoshop besteht. Wenn Sie ein Video in der Bibliothek auswählen, wird ein Vorschau-JPEG angezeigt, versehen mit einem Videokamera-Symbol und der Laufzeit des Films. Klicken Sie auf diese Icons, startet der Film in Ihrer Standardabspielsoftware wie zum Beispiel QuickTime. Fotografie und Film wachsen weiter zusammen und auch Lightroom wird sich auf diese Entwicklung einstellen.

Video wird von der Bibliothek verwaltet wie eine Fotografie.

Virtuelle Kopien

Direkt im Menü unter *Foto/Stapeln* finden Sie den Befehl für Virtuelle Kopie anlegen. Wofür brauchen wir so eine Kopie? Sie erlaubt es Ihnen, verschiedene Fassungen Ihres Originalmotivs nebeneinander auszuprobieren, und braucht dafür fast keinen Speicherplatz. Markieren Sie das gewünschte Original, rufen Sie das Kontextmenü auf und klicken Sie auf *Virtuelle Kopie anlegen*. Oder drücken Sie ⌘-T. Die Kopie wird im Raster neben dem Original platziert,

erkennbar an dem Eselsohr links unten in der Miniatur. In der Dunkelkammer war es ganz normal, mehrere Abzüge eines Negativs zu machen, um das beste Ergebnis zu erzielen. Mit den Virtuellen Kopien können Sie so lange herumexperimentieren, bis Sie die optimale Lösung für Ihr Motiv gefunden haben, und die Ergebnisse vergleichen.

Dreimal Anne:
Original und zwei Kopien in der Vergleichsansicht

🔸 **Originale** und Virtuelle Kopien lassen sich mit dieser Filterreihe im Bibliotheksfenster identifizieren. Von links sehen Sie Original, Kopie und Videodateien.

Das Modul

⊕ **Das Entwickelnmodul** in der Übersicht: **1.** *Vorgaben-, Schnappschüsse- und Verlaufsbedienfelder, Protokoll und Sammlungen (!)* **2.** *Vorschaufenster* **3.** *Histogramm* **4.** *Bedienfelder für Grundeinstellungen, Gradationskurve, HSL, Teiltonung, Details, Objektivkorrekturen, Effekte, Kamerakalibrierung* **5.** *Werkzeugleiste* **6.** *Filmstreifen*

Willkommen in meinem Lieblingsmodul von Lightroom, Entwickeln. Klicken Sie einfach ‚D' wie Develop, um hierher zu gelangen. Oder ⌘⌥-2. Unser guter alter Freund, der Filmstreifen, ist bei uns geblieben. Und im Übrigen gilt das Gleiche für die Arbeit mit den Bedienfeldern wie schon in der Bibliothek, Solomodus inklusive. Während die Ad-hoc-Entwicklung der Bibliothek nur an der Oberfläche der Fähigkeiten des Entwickelnmoduls kratzt, werden Sie hier mit der geballten Kraft von Adobe Camera Raw (welches Ihnen vielleicht schon von der Arbeit mit Bridge und Photoshop vertraut ist) konfrontiert. Auf der linken Seite finden Sie Bedienfelder, um die vorgenommenen Änderungen anzeigen, speichern und auswählen zu können. Auf der rechten Seite befinden sich die Werkzeuge und Bedienfelder zur Anwendung globaler und lokaler Korrekturen. Die über dem Filmstreifen angeordnete Werkzeugleiste enthält Steuerelemente für verschiedene Aufgaben, wie dem Wechseln von Vorher- und Nachher-Ansichten oder dem Zoomen. Mit dem Histogrammbedienfeld können Sie Farbtöne messen und die Tonwerte eines Fotos anpassen, die Werkzeuge in der Werkzeugleiste lassen Sie rote Augen korrigieren, Staub und Flecken entfernen, Fotos freistellen und begradigen sowie Korrekturen auf bestimmte Bereiche eines Fotos anwenden. Alle Korrekturen sind nicht-destruktive Metadatenergänzungen Ihrer Originalbilder, die erst beim Export realisiert werden.

ENTWICKELN

Die linke Bedienfeldleiste

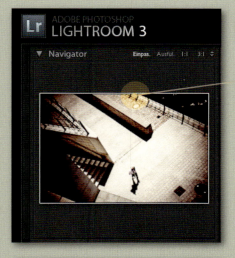

Der Navigator

zeigt genau wie in der Bibliothek eine Vorschau des aktiven Bilds und im Fall einer neu ausgewählten Sammlung immer deren erstes Bild an. Er zeigt mit dem verschiebbaren kleinen Quadrat die Lupenposition im Bild an. Bilder werden ins Vorschaufenster eingepasst, füllen es aus oder werden eingezoomt. Es genügt, über den Namen einer Entwicklungsvorgabe zu rollen, um deren Effekt im Navigator anzuzeigen

Vorgaben

Vorgaben sind wunderbar. Sie lassen sich direkt beim Import auf die Bilder anwenden. Mit einer Vorgabe speichern Sie eine Gruppe von Einstellungen und haben diese dann immer schnell verfügbar. Oft ist man erstaunt, wie schnell ein durchschnittliches Bild plötzlich mit nur einer Vorlage wie verwandelt ist. Nutzen Sie Vorlagen als Ausgangspunkt Ihrer Bildbearbeitung und experimentieren Sie dann weiter, zum Beispiel mit einer Reihe Virtuelle Kopien. Lightroom wird mit einer großen Menge an Vorgaben ausgeliefert, aber das kreative Angebot aus dem Web ist endlos. Photoshop-Gurus wie Matt Kloskowski bietet unzählige Vorgaben zum freien Download an. Oder werfen Sie einen Blick auf *lightroompresets.com* oder *adobe.com/go/exchange_de*.

Schnappschüsse

Sie können zu jedem Zeitpunkt des Entwicklungsprozesses mit der Plustaste einen Schnappschuss vom aktuellen Bearbeitungszustand des Bilds anlegen und jederzeit zu diesem zurückkehren. Durch die unbegrenzte mögliche Anzahl an Schnappschüssen ist dies neben den *virtuellen Kopien* eine weitere Möglichkeit, mit diversen Zuständen einer Originaldatei zu experimentieren.

Die linke Bedienfeldleiste

Protokoll
Wie bei der Protokollpalette in Photoshop wird jeder einzelne von Ihnen vorgenommene Entwicklungsschritt mit allen Details aufgezeichnet. Sie können also jederzeit nachvollziehen, welche Einstellungen zu welchem Ergebnis geführt haben, und zu einem früheren Zustand zurückkehren. Ein Klick auf das kleine X rechts oben in der Palette löscht das Protokoll.

Sammlungen
Die Sammlungen sind eine willkommene Ergänzung des Entwickelnmoduls. Musste man in den früheren Versionen Lightrooms permanent zwischen Entwickeln und Bibliothek wechseln, um neue Bilder auszuwählen, sind die Sammlungen jetzt im direkten Zugriff. Eine enorme Workflow-Erleichterung.

Kopieren ... und Einfügen
Die beiden Buttons am Fuß der linken Bedienfeldleiste sind eine Abkürzung zur Kopierfunktion des Entwickelnmoduls. Alle an einem Bild vorgenommenen Einstellungen lassen sich hier auf ein oder mehrere ausgewählte Bilder übertragen.

ENTWICKELN

Die rechte Bedienfeldleiste | Histogramm

⬆ **Das Histogramm** zeigt die Anzahl der Pixel eines Bilds verteilt nach den Luminanzwerten. Erstreckt es sich von links nach rechts, deckt das Bild den kompletten Tonwertbereich ab. Die drei Ebenen repräsentieren die roten, grünen und blauen Farbkanäle. Überlappen alle drei, erscheint Grau, Yellow, Magenta und Cyan stehen für jeweils zwei der RGB-Kanäle überlappen.

Das interaktive Histogramm
Es sieht zwar fast so aus wie sein kleiner Bruder, das Histogramm aus dem Bibliotheksmodul. Aber es kann viel mehr. Es ist in vier hier links abgebildete interaktive Segmente aufgeteilt, für *Schwarz*, *Aufhelllicht*, *Belichtung* und *Wiederherstellung*. Wenn Sie den Mauszeiger über einem der Segmente positionieren, klicken und den Mausbutton gedrückt halten, können Sie mit dem Doppelpfeilcursor über eine Bewegung nach links oder rechts die Helligkeitswerte im ausgewählten Segment verstellen. Die beiden Dreiecke an den Rändern dienen zur Anzeige von gekappten Lichtern beziehungsweise Tiefen. Sie können diese Anzeige mit dem Kontextmenü oder der Taste ‚J' aktivieren. Im Fall der Dämmerungsaufnahme mit dem Taxi hier unten sehen Sie, dass die Lichter der Scheinwerfer etwas ausgefressen sind. Die problematischen Bereiche werden in Rot hervorgehoben. Im Wiederherstellungssegment des Histogramms können Sie jetzt den Wert interaktiv korrigieren. Sie können in Lightroom Bilder also direkt im Histogramm korrigieren.

⬆ Unter dem Histogramm folgt die Werkzeugleiste für **Freisteller**, **Bereichsreparatur**, **Rote-Augen-Korrektur** und die lokalen Korrekturwerkzeuge **Verlaufsfilter** und **Korrekturpinsel**.

63

Grundeinstellungen | Weißabgleich

Weißabgleich
Als Erstes finden Sie die Einstellungen für den Weißabgleich. Im Popup-Menü neben den Buchstaben WA können Sie aus einer Reihe von Voreinstellungen wählen, allerdings nur bei RAW-Aufnahmen. Bei JPEGs gibt es keine Wahl, nur die Option automatisch. Wenn Sie unter den Vorgaben nicht das Passende finden, können Sie mit der Pipette, der Weißabgleichswahl ‚W', einen neutralen Grauton im Bild auswählen und anklicken. Zum Feinjustieren benutzen Sie die Schieberegler für Farbtemperatur (von 2.000 bis 50.000° Kelvin) und Tönung (-150 bis +150). Das Navigatorfenster fungiert auch in diesem Fall als Vorschau für die Farbkorrektur.

Weißabgleich über Vorgaben und unten über die Pipette

Die Einstellungen der Schieberegler lassen sich jederzeit durch einen Doppelklick auf Temp. oder Tönung *(das gilt natürlich für alle Werkzeuge)* zurücksetzen. Mittels der Optiontaste werden alle Einstellungen global zurückgesetzt. Außerdem verwandelt sich der Cursor in einen interaktiven Doppelpfeil, wenn Sie ihn über dem numerischen Wert verharren lassen.

ENTWICKELN

Grundeinstellungen | Farbton

Automatischer Tonwert
Diese kleine Belichtungsautomatik regelt Wiederherstellung, Schwarz, Helligkeit und Kontrast. Die Werte für Belichtung und Aufhelllicht werden auf null gestellt.

Belichtung
Präzise Belichtungsmessung ist mit aktuellen Kameras kein Problem mehr, aber dieser Regler holt immer noch etwas aus den Bildern heraus. Mitten und Lichter werden von -4 bis +4 Belichtungsschritten beeinflusst.

Wiederherstellung
Mit Wiederherstellung holen Sie durch die Belichtungskorrektur beschnittene Details im Bereich Lichter zurück. Die Wiederherstellung arbeitet Hand in Hand mit der Belichtung und beugt dem Verlust von Tonwerten am rechten Rand des Histogramms vor. Wenn Sie beim Betätigen der Regler die ⌥-Taste gedrückt halten, zeigt das Werkzeug eine Schwellenwertvorschau der durch die Belichtung beschnittenen Bereiche.

Der Wiederherstellungsregler im Einsatz. Die zu korrigierenden Bereiche mit beschnittenen Lichtern sind rot hervorgehoben. Die Pixelwerte beschnittener Bereiche werden zum höchsten Lichterwert oder zum niedrigsten Tiefenwert hin verschoben. Diese Bereiche sind entweder komplett weiß oder vollkommen schwarz, sie enthalten keine Bilddetails mehr.

Grundeinstellungen | Farbton

Aufhelllicht
Die Aufhelllichtkorrektur beeinflusst in erster Linie die Details in den dunkleren Mitteltönen und schattigen Bildbereichen, wobei die sehr dunklen und schwarzen Areale unberührt bleiben.

Schwarz
Der Schieberegler für Schwarz manipuliert die dunklen Bildareale auf einer Skala von null bis hundert. Mit Schwarz nehmen Sie effektiven Einfluss auf den Gesamtkontrast des Bilds.

Helligkeit und Kontrast
Der Helligkeitsregler beeinflusst vor allem die Mitteltöne, aber nicht die Lichter und Schatten eines Bilds. Setzen Sie ihn sorgsam und nur in kleinen Schritten ein. Der Kontrastregler vergrößert, wenn er nach rechts verschoben wird, die Unterschiede zwischen den hellen und dunklen Tonwertbereichen.

Belichtungskontrolle mit Aufhelllicht und Schwarz: Bei einer Aufhellung von 40 gleicht ein Schwarzwert von 50 den Kontrastverlust in den Mitteltönen wieder aus.

ENTWICKELN

Grundeinstellungen | Präsenz

Klarheit
Diese Einstellung ist eine Mischung aus zwei Kontrastverbesserungsmethoden, dem von Photoshop bekannten *Unscharf maskieren* von John Knoll, bei hohem Radius und geringer Stärke, und einer Mittelton-Kontrastverstärkung, entwickelt von Marc Holbert. Klarheit erhöht den Kontrast der Mitteltöne, ohne dabei die gesamte Bildwirkung zu verändern. Wenn Sie den Regler aber nach links verschieben und den Kontrast der Mitteltöne reduzieren, wirkt das auf diese Bildbereiche wie ein Weichzeichner. Die Klarheit lässt sich also auch gestalterisch einsetzen. Für eine normale Verwendung der Funktion reicht allerdings eine Einstellung im Bereich zwischen +30 und +40.

Extreme Klarheit.
Denn bei -100 hier links legt sich leichter Nebel über das iPad.

67

Anton Pawlowitsch Tschechow,
Der Kirschgarten
D3, 80-200 mm f2,8
1/1000 Sek.
ISO 3200

Belichtung +0,17
Wiederherstellung 0
Aufhelllicht 71
Schwarz 17
Helligkeit 0
Kontrast 0
Präsenz +42
Dynamik +42
Sättigung 0

Grundeinstellungen | Dynamik | Sättigung

Dynamik (Vormals Lebendigkeit)
Dynamik ist einfach großartig. Ich habe lange in Photoshop nach der richtigen Methode gesucht, die Sättigung eines Bilds zu erhöhen, ohne dabei die Hauttöne einer fotografierten Person ins Irreale zu verschieben. Dynamik tut genau das. Die weniger gesättigten Farben werden auf nichtlineare Weise wesentlich stärker angehoben als die bereits gesättigten Töne. Und Hauttöne werden komplett ausgespart. Photoshop CS5 kann das jetzt natürlich auch, als Ebenenkorrektur.

Sättigung
Sättigung erhöht alle Farbtöne gleichermaßen, auf einer Skala von -100 bis +100. Bei -100 ist das Bild entfärbt und bei +100 wird es recht bunt. Aber eigentlich ist der Dynamikregler völlig ausreichend.

Dynamik und Sättigung im direkten Vergleich: links das Original, gefolgt von Lebendigkeit +80 und Sättigung +80 rechts außen

ENTWICKELN

Gradationskurve **3**

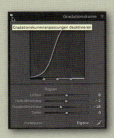

An/Aus
Wie alle Bedienfelder außer den Grundeinstellungen verfügt die Gradationskurve über einen An- und Ausschalter in der linken oberen Ecke. Sie können die Einstellungen also jederzeit deaktivieren und verfügen somit über eine Vorher/Nachher-Ansicht.

Die Gradationskurve
Die Gradationskurve beeinflusst die verschiedenen Tonwertbereiche eines Bilds nach Regionen getrennt. Nachdem Sie die Grundeinstellungen ausgeführt haben, können Sie hier den Kontrast feinjustieren. Die horizontale Achse repräsentiert die ursprünglichen Tonwerte des Fotos, wobei sich Schwarz ganz links befindet und die Werte nach rechts hin immer heller werden. Die vertikale Achse repräsentiert die veränderten Tonwerte, wobei sich Schwarz ganz unten befindet und die Werte nach oben hin immer heller werden. Sie können eine der Vorgaben aus dem Punktkurve-Menü verwenden, wie ‚Starker Kontrast', oder die Kurve manuell bearbeiten. Je steiler die Kurve wird, desto höher ist der Kontrast. Wenn Sie den Cursor auf der Kurve platzieren, erscheint ein Punkt, der Ihre Position auf der Tonwertskala anzeigt. Der maximal verfügbare Bearbeitungsbereich wird durch eine blasenförmige Ausbuchtung dargestellt. Sie können den Tonwert durch Klicken und Ziehen mit der Maus anpassen oder aber mit den Pfeiltasten in Fünf-Punkt-Abstufungen vorgehen. Wenn Sie zusätzlich noch die ⇧-Taste gedrückt halten, werden hieraus Zwanzig-Punkt-Abstufungen.

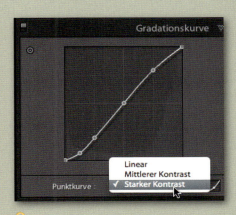

Die Punktkurve hat jetzt Ähnlichkeit mit der aus Photoshop bekannten Kurve.

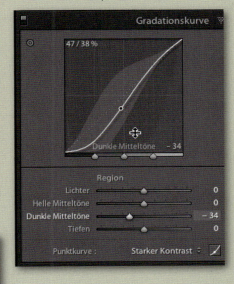

Gradationskurve

Die Gradationskurve und das ZKW

Eine andere Möglichkeit, die Gradationskurve zu manipulieren, bietet das sogenannte *Zielkorrekturwerkzeug*. Sie aktivieren das ZKW mit dem Button unter dem An/Aus-Schalter links oben im Panel. Der Rollovertext im Screenshot erklärt auch schon, wie es funktioniert: *Gradationskurve durch Ziehen im Foto anpassen*. Klicken Sie auf das Tool, um es zu aktivieren (auf der Tastatur ⌘⌥⇧-T), und platzieren Sie den Cursor dann über dem Bildbereich, den Sie verstellen möchten. Das ZKW erkennt den betroffenen Tonwertbereich und durch Drücken und Ziehen im Bild können Sie diesen nach Ihrem Geschmack anpassen.

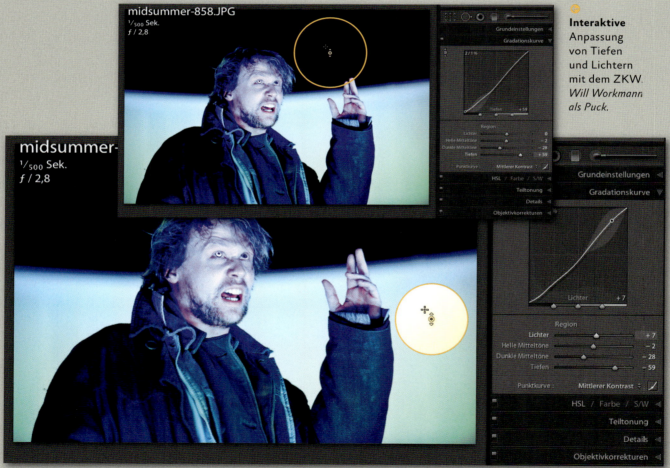

Interaktive Anpassung von Tiefen und Lichtern mit dem ZKW. *Will Workmann als Puck.*

ENTWICKELN

Gradationskurve | HSL

Die Bereichsregler der Gradationskurve
Mit den Dreiecken am unteren Rand der Kurvenanzeige bestimmen Sie die Lichter-, Mitten- und Tiefenbereiche der Kurve. Im nebenstehenden Beispiel habe ich den Bereich der Mitten etwas erweitert und nach links vom Standardwert 50 auf 42 gezogen. Der Regler für Tiefen beeinflusst hierdurch einen kleineren Bereich, der für die Lichter einen größeren. Sie können die Regler durch Doppelklick auf die Anfasser jederzeit wieder auf ihren Ursprungswert zurücksetzen.
Das Gleiche gilt für die Schieberegler, ein Klick auf das Wort Region stellt auch diese zurück auf null.

HSL
Dieses Kürzel steht für Farbton (Hue), Sättigung und Luminanz. Folgerichtig können Sie diese Werte im Panel verstellen, separat oder auch alle zusammen. Auch hier können Sie wieder das schon bekannte ZKW einsetzen oder die Werte per Schieberegler einstellen. Reduzieren Sie somit zu starke Farbtöne, die ablenkend wirken könnten, wie ein knalliges Gelb.

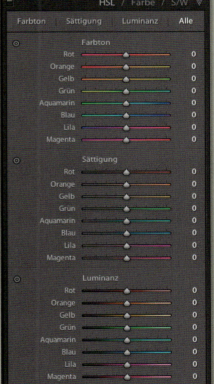

Das ZKW arbeitet auch mit dem HSL-Modul. Aus Grün wird Gold.

73

Farbe

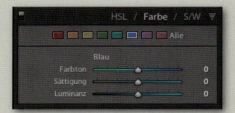

Farbe
Das Bedienfeld Farbe vereinigt die Einstelloptionen des vorangehenden HSL-Moduls, aber konzentriert auf eine ausgewählte Farbe. In *Wie im Himmel* hatte die Bühne einen knallblauen Hintergrund, der sich hervorragend eignet, um die Wirkung von Farbton und Sättigung zu demonstrieren. Die farbigen Schieberegler in Lightroom agieren auch in diesem Fall als Vorschau für die zu erwartenden Farbveränderungen.

Abkürzungen
Sie können übrigens mit der Command-Taste durch die Bedienfelder der rechten Leiste wandern. Die Command-Taste war früher mit einem Apple-Icon und dem ⌘ gekennzeichnet, auf aktuellen Tastaturen steht da jetzt cmd neben dem ⌘-Symbol. Drücken Sie also einfach ⌘-1 und so weiter, um von einem Panel zum anderen zu gelangen.

Schiffbauerdamm, *Berlin*
Lumix GF1 | **20 mm** *f*11 | 1/1600 Sek
ISO 400

Schwarzweiß

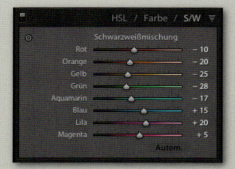

Schwarzweiß
Schwarzweißfilme waren panchromatisch, sie nahmen alle sichtbaren Wellenlängen des Lichts auf und mussten daher auch bei totaler Dunkelheit aus der Filmdose gefummelt und entwickelt werden. Die S/W-Kanalanpassung erlaubt es Ihnen, bei der Umwandlung Ihrer RGB-Bilder unter Berücksichtigung der Bildanteile von Rot über Aquamarin bis Magenta die gewünschte Bildwirkung zu erzielen. Ansel Adams wäre begeistert gewesen …

S/W hieß in Lightroom 2 noch **Graustufen**. Diese Umbenennung ist für Fotografen wesentlich eindeutiger und ein Beweis dafür, dass Adobe der Nutzergemeinde zuhört.

Drücken Sie einfach die Taste **V** für eine direkte Schwarzweißumwandlung.

ENTWICKELN

Farbkanäle

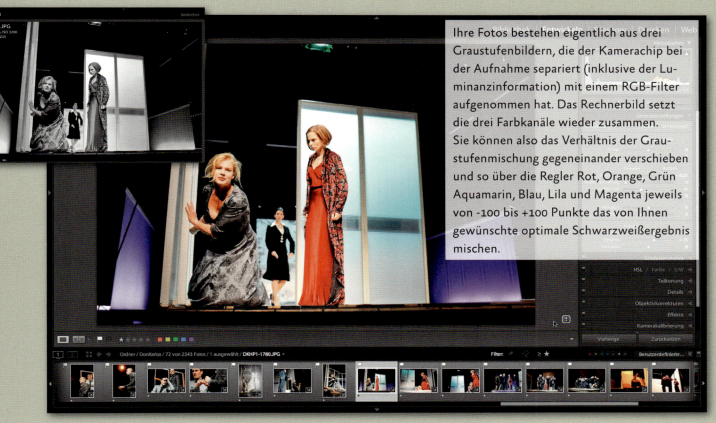

Ihre Fotos bestehen eigentlich aus drei Graustufenbildern, die der Kamerachip bei der Aufnahme separiert (inklusive der Luminanzinformation) mit einem RGB-Filter aufgenommen hat. Das Rechnerbild setzt die drei Farbkanäle wieder zusammen. Sie können also das Verhältnis der Graustufenmischung gegeneinander verschieben und so über die Regler Rot, Orange, Grün Aquamarin, Blau, Lila und Magenta jeweils von -100 bis +100 Punkte das von Ihnen gewünschte optimale Schwarzweißergebnis mischen.

Die RGB-Kanäle in der Kanalansicht von Photoshop

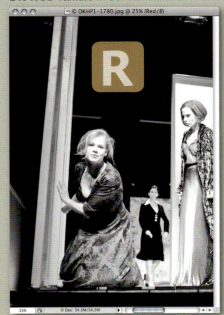

Teiltonung

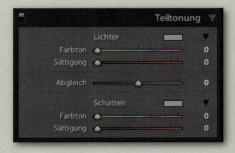

Die Teiltonung
stammt noch aus den alten Dunkelkammerzeiten. Der Begriff beschrieb das Hinzufügen von warmen oder kalten Farbtönen zu bestimmten Helligkeitsbereichen eines Bilds, meistens im mittleren Tonwertbereich. Richtig angewandt konnte man einem Bild so mehr Tiefe verleihen. Viele Fotografen färbten ihre Bilder mit Selentoner ein, manche ließen allerdings auch Teebeutel im Entwickler schwimmen, um einen Farbeffekt zu erzielen.
Die Teiltonung in Lightroom ist dagegen ein ziemlich einfacher Prozess. Das Teiltonungsbedienfeld ist dreigeteilt und kontrolliert Farbton und Sättigung in den beiden Auswahlfarben, das mittlere, Abgleich genannte Segment die Balance der beiden Teiltonungsfarben zueinander. Sie können die Teiltonung für Farb- und Schwarzweißbilder gleichermaßen anwenden und beliebte Effekte wie den guten alten Cross-Look erzeugen.

Ich hatte für die Inszenierung eines Beatles-Stücks die vier Schauspielerinnen, die John, Paul, Ringo und George spielten, als Hommage an das Cover von *Abbey Road* über einen Zebrastreifen laufen lassen. Das Bild hatte ich später bläulich getönt. Das kam so gut an, dass ich gebeten wurde, das Vorschauplakat für ein Stück über Rio Reiser und seine Band *Ton Steine Scherben* rot zu tönen.

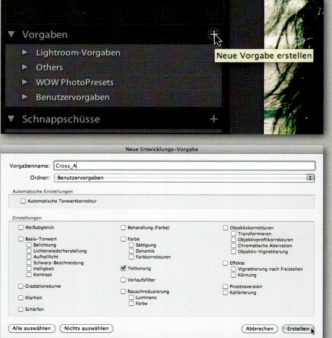

Klicken Sie den Plus-Knopf des Vorgaben-Bedienfelds, um eingestellte Werte wie die Teiltonung als Vorgaben zu speichern. Geben Sie im Entwicklungs-Vorgaben-Dialogfeld einen Namen für die Vorgabe ein und grenzen Sie die betroffenen Funktionen nach Bedarf ein. Im Fall des nebenstehenden Beispiels ist nur die Teiltonung aktiviert, aber Vorgaben können auch multiple Werkzeugeinstellungen enthalten.

ENTWICKELN

Teiltonung

Wählen Sie eine Farbe für die Teiltonung aus, indem Sie auf eines der beiden Farbfelder für Lichter und Schatten klicken. Positionieren Sie die Maus in dem sich öffnenden Auswahlfeld über dem gewünschten Farbton und klicken Sie. Sie können die Intensität der ausgewählten Farbe mit dem Sättigungsregler bestimmen.

Warten auf den neuen Bundespräsidenten, *Berlin*
Lumix GF1 | 20 mm f11
1/640 Sek. | ISO 400

Details | Schärfen

Schärfen

Lightroom kann Fotos in zwei Workflow-Bereichen schärfen: beim Anzeigen/Bearbeiten und beim Drucken/Exportieren der Fotos. Das Schärfen gehört zu den Kameravoreinstellungen, die Lightroom bei Bedarf automatisch auf Ihre Bilder anwendet. Wenn Lightroom ein Foto exportiert, druckt oder für die Bearbeitung mit einem externen Editor rastert, wird die Schärfeeinstellung des Bilds auf die gerenderte Datei angewandt.

Das Detailverbesserungsbedienfeld hat nicht mehr viel mit der Version aus Lightroom 2 gemein. Geblieben ist das Schärfen. Per Dreiecksschalter lässt sich eine quadratische 1:1-Vorschau des zu bearbeitenden Bilds ausklappen und über ein Zielquadrat auf wichtigen Bildbereichen platzieren. Ist diese Lupe eingeklappt, zeigt Lightroom ein Warndreieck und fordert dazu auf, für eine präzisere Vorschau auf 100% heranzuzoomen.

Das Schärfen wird über vier Regler kontrolliert:

- **Betrag:** Jeder eingestellte Wert größer als null erhöht den Kontrast zwischen unterschiedlichen Pixelgruppierungen im Bild. Generell gilt: Weniger ist mehr.
- **Radius:** Reguliert den zu schärfenden Detailbereich, Bilder mit feineren Details profitieren von einem geringeren Radius, ein zu großer Wert kann unnatürliche Ergebnisse hervorrufen.
- **Details:** Bestimmen die Kantenschärfe der Bildelemente. Niedrige Werte reduzieren leichte Unschärfen, hohe Werte betonen die Bildtexturen.
- **Maskieren:** Beim Wert null wird das komplette Bild geschärft, der Wert 100 schärft nur die extremen Randbereiche.

Der **Maskierungsregler** reguliert die Bildbereiche, auf die der eingestellte Schärfewert angewandt wird. Halten Sie für eine Vorschau der Maske die ⌥-Taste gedrückt.

ENTWICKELN

Details | Rauschreduzierung

Die Rauschreduzierung wird über fünf Regler kontrolliert:

→ **Luminanz:** Reduziert das Luminanzrauschen.

→ **Details:** Hilft bei stark verrauschten Fotos, höhere Werte bewahren mehr Bilddetails.

→ **Kontrast:** Hilft auch bei stark verrauschten Fotos, geringere Werte führen zu glatteren, kontrastärmeren Ergebnissen.

→ **Farbe:** Entfernt das Chromarauschen aus Farbflächen. Für JPEGs reicht 25.

→ **Details:** Reguliert die Rauschschwelle. Höhere Werte schützen feine Farbabstufungen.

Rauschreduzierung

Bildrauschen ist ein Teil der Digitalfotografie, so wie es früher das Filmkorn war. Aber während das Silberkorn sogar als gestalterisches Element eingesetzt wird (später mehr dazu) ist digitales Rauschen in hohen ISO-Bereichen etc. eher störend. Auch wenn das Megapixelrennen vorerst vorbei ist und die Sensorgröße sich nicht mehr alle zwei Jahre verdoppelt, bleibt das Problem bestehen. Frühere Lightroom-Versionen entfernten zwar auch das Rauschen, aber die entscheidenden Bilddetails gleich mit. Lightroom 3 allerdings meistert das Entrauschen besser als die meisten extra dafür gemachten Plug-ins. Benutzen Sie auch in diesem Fall die 1:1-Ansicht der Lupe, um den Effekt präzise einzusetzen.

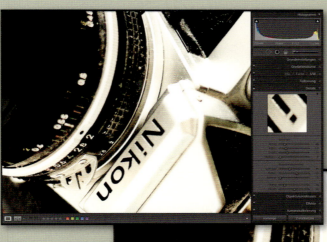

Auch die Rauschreduzierung lässt sich ein- und ausschalten.

83

3 Objektivkorrekturen

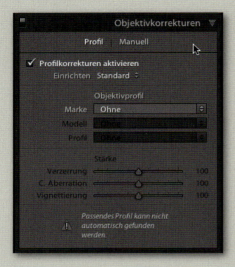

Automatische (oben) und manuelle Objektivkorrektur (unten).

Objektivkorrekturen

Lightroom 3 (und Camera Raw 6.1) erkennt anhand der EXIF-Daten Objektiv und Kamera. Klicken Sie im Bedienfeld auf Profilkorrekturen aktivieren, hierauf durchsucht Lightroom die Profildatenbank und wendet wenn möglich eine automatische Korrektur an. Somit werden Abbildungsfehler wie geometrische Verzeichnungen und chromatische Aberration oder Vignettierungen mit einem Klick behoben.

Sollte für Ihr Objektiv kein Profil verfügbar sein (beachten Sie die Liste auf der gegenüberliegenden Seite), lassen sich Parameter wie horizontale und vertikale Verzerrung sowie Vignettierung und Chromatische Aberration manuell mit der optischen Kontrolle eines überlagerten Gitterrasters justieren.

Laden Sie Profile für Ihre Objektive herunter oder erzeugen Sie Ihre eigenen Objektivprofile mittels des Adobe Lens-Profile-Creator-Werkzeugs.

http://labs.adobe.com/downloads/lensprofile_creator.html

Die chromatische Aberration ist ein vor allem bei Weitwinkelobjektiven auftretender Abbildungsfehler mit störenden Farbsäumen in Rotcyan oder Blaugelb. Diese entstehen speziell an Hell-Dunkel-Übergängen wie Dächern vor einem Stück Himmel dadurch, dass Licht unterschiedlicher Wellenlänge oder Farbe verschieden stark gebrochen und daher nicht in einem Punkt fokussiert wird.

ENTWICKELN

Profile **3**

Momentan in Lightroom 3 verfügbare Profile für Apples iPhone-Modelle, Canon und Nikon. Eine ständig aktualisierte Auflistung finden Sie unter:

http://kb2.adobe.com/cps/846/cpsid_84666.html

Objektiv	Hersteller
Apple 3.85mm f/3 3G	Apple
Apple 3.85mm f/3 3GS	Apple
Canon 6.1-30.5mm f/2.8-4.5	Canon
Canon EF 135mm f/2 L USM	Canon
Canon EF 15mm f/2.8	Canon
Canon EF 16-35mm f/2.8 L II USM	Canon
Canon EF 16-35mm f/2.8 L USM	Canon
Canon EF 17-40mm f/4 L USM	Canon
Canon EF 180mm f/3.5 L Macro USM	Canon
Canon EF 24-105mm f/4 L IS USM	Canon
Canon EF 24-70mm f/2.8 L USM	Canon
Canon EF 28-135mm f/3.5-5.6 IS USM	Canon
Canon EF 300mm f/2.8 L IS USM	Canon
Canon EF 35mm f/1.4 L USM	Canon
Canon EF 50mm f/1.4 USM	Canon
Canon EF 70-200mm f/2.8 L IS II USM	Canon
Canon EF 70-200mm f/2.8 L IS USM	Canon
Canon EF 70-200mm f/2.8 L USM	Canon
Canon EF 70-200mm f/4 L IS USM	Canon
Canon EF 70-200mm f/4 L USM	Canon
Canon EF 70-300mm f/4-5.6 IS USM	Canon
Canon EF 85mm f/1.2 L II USM	Canon
Canon EF 85mm f/1.2 L USM	Canon
Canon EF 85mm f/1.8 USM	Canon
Canon EF-S 10-22mm f/3.5-4.5 USM	Canon
Canon EF-S 15-85mm f/3.5-5.6 IS USM	Canon
Canon EF-S 17-55mm f/2.8 IS USM	Canon
Canon EF-S 17-85mm f/4-5.6 IS USM	Canon
Canon EF-S 18-55mm f/3.5-5.6 IS	Canon
Nikon 6-24mm f/2.7-5.9	Nikon
Nikon AF DX Fisheye-Nikkor 10.5mm f/2.8G ED	Nikon
Nikon AF Fisheye-Nikkor 16mm f/2.8D	Nikon
Nikon AF Nikkor 50mm f/1.8D	Nikon
Nikon AF-S DX NIKKOR 35mm f/1.8G	Nikon
Nikon AF-S DX VR Zoom-Nikkor 18-200mm f/3.5-5.6G IF-ED	Nikon
Nikon AF-S DX Zoom-Nikkor 12-24mm f/4G IF-ED	Nikon
Nikon AF-S DX Zoom-Nikkor 18-70mm f/3.5-4.5G IF-ED	Nikon
Nikon AF-S NIKKOR 14-24mm f/2.8G ED	Nikon
Nikon AF-S NIKKOR 24-70mm f/2.8G ED	Nikon
Nikon AF-S NIKKOR 70-200mm f/2.8G ED VR II	Nikon
Nikon AF-S VR Micro-Nikkor 105mm f/2.8G IF-ED	Nikon
Nikon AF-S VR Zoom-Nikkor 70-200mm f/2.8G IF-ED	Nikon
Nikon AF-S VR Zoom-Nikkor 70-300mm f/4.5-5.6G IF-ED	Nikon

Effekte | Vignettierung

Die Vignettierung wird über fünf Regler kontrolliert:

→ **Betrag:** Negative Werte dunkeln die Bildränder ab, positive Werte hellen sie auf.

→ **Mittelpunkt:** Niedrige Werte betreffen einen größeren Bereich des Bilds, höhere Werte reduzieren die Vignette auf die Ränder.

→ **Rundheit:** Niedrige Werte sorgen für eine ovalere Vignette, höhere Werte machen sie runder.

→ **Weiche Kante:** Niedrige Werte reduzieren die Weichheit zwischen vignettiertem Bereich und Umgebungspixeln, höhere Werte machen sie weicher.

→ **Lichter:** Steuern die Deckkraft von unter der Vignette liegenden Lichtquellen. Nur in Lichter- oder Farbpriorität verfügbar.

Vignettierung
Adobe führte das beliebte Vignettierungs-Feature mit Lightroom 2. Plötzlich war es möglich, die Ränder eines Bilds abzudunkeln und die Aufmerksamkeit damit auf die Bildmitte zu lenken. Während Lightroom 2 diesen Effekt damit erzielte, die Randbereiche einfach mit Weiß oder Schwarz abzudecken, ist es jetzt möglich, die Vignetten mit Lichter- oder Farbpriorität oder per Farbüberlagerung (die alte Methode) aufzutragen und den ursprünglichen Motivkontrast dabei zu erhalten. Lichterpriorität ist bei den meisten Motiven das Mittel der Wahl und liefert die besten Ergebnisse. Farbpriorität ist geeignet, um unterliegende Farbtöne besser durchscheinen zu lassen. Wie der Name es sagt, kann die *Vignettierung nach Freistellen* auf beschnittene wie unbeschnittene Bilder angewendet werden.

Die Effekte sind in Lightroom 3 in einem eigenen, neuen Bedienfeld zusammengefasst.

Der Fontdesigner
Carlos Segura, mit und ohne Vignette

ENTWICKELN

Effekte | Körnung

3

Körnung

Adobe hat Lightroom 3 eine großartige Methode zur Rauschreduzierung spendiert und gleichzeitig die Möglichkeit angefügt, Bilder mit einer verblüffenden Filmkörnung zu versehen. Die Fotografengemeinde hatte sich diesen Spezialeffekt schon lange gewünscht. Es ist jetzt also kein Problem mehr, die Anmutung eines Schwarzweißfilms wie dem legendären Tri-X von Kodak direkt in Lightroom zu simulieren, der durch gepushte Entwicklungszeiten zwar empfindlicher, aber auch wesentlich körniger wurde. Und auch das Bildrauschen von Kameras mit kleinem Sensor lässt sich unter einem dezenten Korn gut verbergen.

Die Körnung wird über drei Regler kontrolliert:

→ **Stärke:** Steuert die auf das Bild angewandte Körnung. Ein Wert um die 30 wirkt realistisch.

→ **Größe:** Beeinflusst die Größe des einzelnen Korns. Ab der Größe 25 wird Blau angefügt, um den Effekt bei gleichzeitiger Rauschreduzierung zu verstärken.

→ **Unregelmäßigkeit:** Niedrige Werte sorgen für ein feineres Korn, höhere Werte addieren stärkere Abwechslung und Unschärfe.

Fotoreporterlegende
Bob Lebeck mit einer Willy-Brandt-Plastik von Rainer Fetting

Kamerakalibrierung | Prozessversion

Kamerakalibrierung

Bei Lightroom 3 ist unter der Haube nicht viel an seinem Platz geblieben, so wurde die dem Entwickeln-Modul zugrunde liegende Camera-Raw-Engine komplett neu konstruiert. Durch die Veränderungen der Demosaik-Algorithmen, der Rauschunterdrückung und dem Schärfen kann es beim Öffnen von mit den Vorversionen bearbeiteten Fotos je nach Einstellung zu Unterschieden in der Bildwirkung kommen. Bei neu importierten Bildern müssen Sie sich keine Gedanken machen, da diese automatisch mit der neuen Prozessversion 2010 verarbeitet werden. Bilder aus Lightroom 2 allerdings weisen mittels eines kleines Ausrufezeichens am rechten unteren Bildrand zur Sicherheit nochmals auf die Verwendung des 2003er Prozesses hin. Ein Klick auf das Icon genügt, um die Raw-Datei über ein Dialogfeld auf den neuen Prozess anzupassen. Hierbei lässt sich das Ergebnis in der Vorher/Nachher-Ansicht überprüfen und nach Wunsch auf alle aktuellen Bilder des Filmstreifens übertragen. Beim Schärfen und bei der Rauschunterdrückung gibt es so signifikante Unterschiede zwischen den Prozessen, dass Adobe die Entscheidung über eine Anpassung statt eines Automatismus Ihnen überlässt.

Auch vorhandene Einstellungen des Aufhelllichts sind von einem Wechsel der Prozessversion betroffen.

Im Programm-Menü finden Sie die Prozessversion unter *Einstellungen/Prozess/2010 oder 2003*.

Aktualisierung der Prozessversion über das Ausrufezeichen

ENTWICKELN

Kamerakalibrierung

Kamerakalibrierung

Wenn Sie mit JPEGs fotografieren, können Sie die Kamerakalibrierung getrost ignorieren, anders sieht es jedoch bei RAW-Dateien aus. Vielleicht haben Sie sich schon einmal gefragt, warum ein neu geöffnetes RAW-Bild in Lightroom nicht so aussieht wie auf Ihrem Kameradisplay. Die Kamera verwendet ein JPEG für die Displaydarstellung. Wenn Sie jetzt möchten, dass Ihre RAW-Dateien so aussehen wie ein von Ihrer Kamera generiertes JPEG, hilft die Kamerakalibrierung. Klicken Sie in das Popup-Menü und suchen Sie sich ein Profil Ihrer Wahl aus. Sie werden sehen, dass grundsätzlich erstmal ‚Adobe Standard' ausgewählt wurde. Am Anfang der Liste finden sich zwei ACR-Profile und weiter unten jene, die den JPEG-Modi Ihrer Kamera entsprechen. (Lightroom erkennt Ihre Kamera an den EXIF-Daten.) Die Nikon D3 bietet die Aufnahmemodi *Landscape*, *Neutral*, *Portrait*, *Standard* und *Vivid*. Hinzu kommen noch die beliebten drei Einstellungen der D2x. Zusätzlich lässt Sie der DNG-Profileditor eigene Wunschprofile anlegen. Mehr Informationen dazu unter:
http://www.adobesystems.ca/de/products/dng/

Profile im Vergleich: im kleineren Bild *Adobe Standard* als Ausgangssituation, darunter *Camera Vivid* der D3

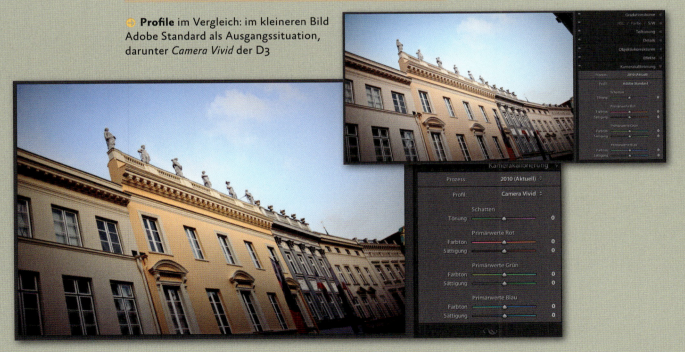

Die Entwicklungswerkzeugleiste

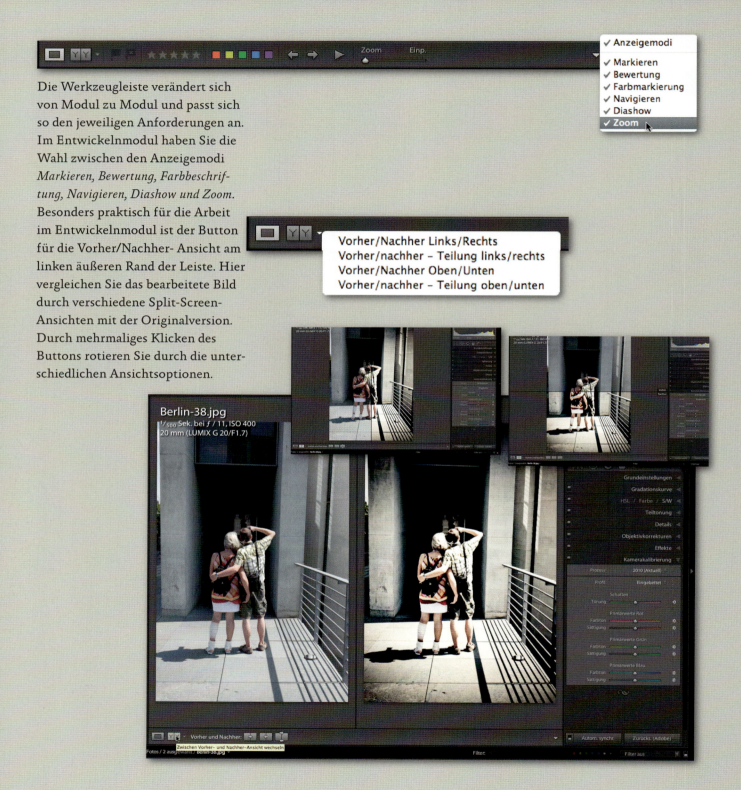

Die Werkzeugleiste verändert sich von Modul zu Modul und passt sich so den jeweiligen Anforderungen an. Im Entwickelnmodul haben Sie die Wahl zwischen den Anzeigemodi *Markieren, Bewertung, Farbbeschriftung, Navigieren, Diashow und Zoom*. Besonders praktisch für die Arbeit im Entwickelnmodul ist der Button für die Vorher/Nachher- Ansicht am linken äußeren Rand der Leiste. Hier vergleichen Sie das bearbeitete Bild durch verschiedene Split-Screen-Ansichten mit der Originalversion. Durch mehrmaliges Klicken des Buttons rotieren Sie durch die unterschiedlichen Ansichtsoptionen.

ENTWICKELN

Einstellungen kopieren

Sagen wir mal, Sie haben ein Bild korrigiert, sind mit dem Ergebnis zufrieden und haben aber noch 108 weitere Aufnahmen aus der Serie, auf die Sie diese Einstellungen übertragen möchten. (Haben Sie das mal in Photoshop versucht?) Hier kommt das Kopieren ins Spiel. Klicken Sie (bei ausgewähltem korrigierten Bild im Entwickelnmodul) die ‚Kopieren'-Taste unten an der linken Bedienfeldleiste oder drücken Sie einfach ⌘-C, wie sonst auch beim Kopieren. Die umfangreiche Dialogbox ‚Einstellungen kopieren' öffnet sich und Sie können auswählen, welche Einstellungen Sie übertragen möchten. Kehren Sie anschließend mit der Taste ‚G' in die Bibliotheksrasteransicht zurück und wählen Sie hier das oder die Bilder aus, in die Sie die Entwicklungseinstellungen übertragen möchten. Wählen Sie dann im Menü *Foto/Entwicklungseinstellungen/ Einstellungen einfügen* oder auf der Tastatur ⌘⇧-V. Wenn es sich nur um wenige Bilder handelt, können Sie natürlich auch im Entwickelnmodul per Pfeiltasten navigieren und die Einstellungen mit ⌘-V übertragen. Markieren Sie alternativ ein Bild im Filmstreifen (im Entwickelnmodul) mit den gewünschten Einstellungen und wählen Sie dann das Bild aus, auf welches Sie diese übertragen möchten. Jetzt genügt ein Klick auf die Taste ‚Vorherige' unten an der rechten Bedienfeldleiste.

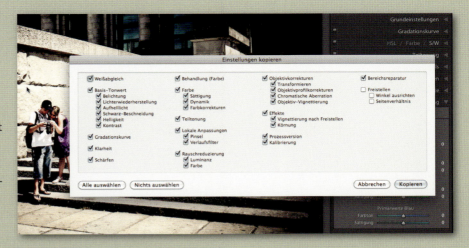

Kopieren der Entwicklungseinstellungen über das Menü

Übertragen der Entwicklungseinstellungen mit der Taste *Vorherige*

Benutzen Sie für größere Bildmengen alternativ zum Kopieren die Synchronfunktionen. Korrigieren Sie das Ausgangsbild im Entwickelnmodul und wählen Sie danach im Filmstreifen mit ⌘-Klick die zu synchronisierenden Fotos aus. Wählen Sie ähnlich wie beim Kopieren in einem Dialogfeld die gewünschten Einstellungen aus und übertragen Sie diese durch einen Klick auf den Synchronisieren-Button auf alle ausgewählten Bilder.

Eine Variante hierzu ist das *automatische Synchronisieren*. Im Gegensatz zum normalen Synchronisieren wählen Sie hier eine Gruppe Fotos aus, von denen noch keines bearbeitet wurde. Klicken Sie danach den Schalter des Synchronisierungsbuttons. Die Beschriftung wechselt darauf zu *Autom. synchr.* Hierdurch werden alle Einstellungen, die Sie auf eines der Bilder anwenden, automatisch auf die anderen übertragen. Extrem praktisch. Durch erneutes Betätigen des Schalters (oder ein ⌘-Klicken auf den Button) stellen Sie diese Funktion wieder ab. Die Einstellungen bleiben erhalten, aber die Bilder lassen sich wieder unabhängig voneinander bearbeiten.

Der Schalter ist in Lightroom 3 neu hinzugekommen.

ENTWICKELN

Vorgaben installieren

Natürlich können Sie Ihre eigenen Voreinstellungen kreieren, aber das Angebot an qualitativ hochwertigen und abwechslungsreichen Umsonst-Entwicklungsvorgaben für Ihre Fotos ist schier endlos. Und diese eignen sich immer als Ausgangspunkt für Ihre eigenen Experimente. Wenn Sie eine neue Vorlage aus dem Netz heruntergeladen haben, im Beispiel benutze ich *PH YellowGreen* von *presetsheaven.com*, legen Sie im Vorgaben-Bedienfeld einen neuen Ordner an. Klicken Sie hierfür das Plus-Symbol am rechten Rand der Titelleiste. Geben Sie dem Ordner einen Namen und klicken Sie OK. Das neue Vorgabenverzeichnis erscheint jetzt in der Auflistung. Ctrl-klicken Sie auf den Namen und wählen Sie Importieren... Navigieren Sie zu Ihrem Download-Ordner und wählen Sie die Vorlage aus.

Die neuen Vorgaben sind jetzt im Bedienfeld verfügbar. Fügen Sie nach Lust und Laune mehr Vorgaben aus dem Netz an oder legen Sie Ihre eigenen Filtersätze an. Und Sie können diese natürlich auch per Mail Ihren Freunden schicken.

Die Freistellungsüberlagerung

Freistellungsüberlagerung
Die Freistellungsüberlagerung ist das erste Tool in der schmalen Werkzeugleiste zwischen dem Histogramm und den Grundeinstellungen. Klicken Sie den Button oder drücken Sie ‚R', um es zu aktivieren. Verschieben Sie den Beschnittrahmen mit den Eckanfassern. Bestätigen Sie den Beschnitt mit der Eingabetaste oder wieder mit ‚R'. Das Werkzeug lässt sich auf vorgegebene Seitenverhältnisse beschränken und per Wasserwaage kontrollieren Sie den Bildwinkel. Die vorgegebenen Werte sind über ein Schloss fixierbar und zum Einsatz gekommene Objektivkorrekturen werden durch eine Verschränkung auf die Verkrümmung erhalten. Freistellungen sind in Lightroom nicht final und das originale Bildformat ist jederzeit wiederherstellbar.

Die Freistellungsüberlagerung bietet eine Reihe optischer Kompositionshilfen an. Wählen Sie zwischen Raster, Drittel, Diagonal, Dreieck, dem goldenen Schnitt und der goldenen Spirale. Und auch Photoshop hat dieses Feature mit der Drittelregel für die aktuelle CS5 übernommen.

Rotieren Sie mit der Taste O durch verschiedene Freistellüberlagerungen.

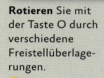

Martin-Gropius-Bau, *Berlin*
Lumix GF1 | 20 mm f 1,7
1/160 Sek. | ISO 400

Die Bereichsreparatur

Bereichsreparatur
Starten Sie die Bereichsreparatur in der Werkzeugleiste mit einem Klick auf das Icon oder mit ‚Q'. Das Werkzeug bietet zwei Arbeitsweisen, Kopierstempel oder Reparieren. Der Kopierstempel arbeitet wie der aus Photoshop bekannte, mit Reparieren übernehmen Sie Beleuchtung, Struktur und Farbton eines nahegelegenen Bereichs, was oft realistischer wirkt als simples Kopieren von Pixeln. Suchen Sie nun also den oder die Staubflecken in Ihrem Bild und positionieren Sie die Werkzeugspitze über der Störung. Die Größe der Spitze wird per Schieberegler oder mit den Tasten Komma und Punkt verändert. Klicken Sie auf den zu reparierenden Bereich. Das Werkzeug spaltet einen zweiten Kreis gleicher Größe ab. Dieser hat einen etwas dickeren Rand als der erste Kreis und zeigt, welchen Bereich Lightroom zur Reparatur heranziehen will. Das Werkzeug arbeitet mit Direktvorschau, wenn Sie mit dem Ergebnis zufrieden sind, drücken Sie erneut ‚Q' oder die Eingabetaste. Die Bereichskorrektur kann per Kopieren und Synchronisieren auf mehrere Bilder übertragen werden. Neben der Bereichsreparatur folgt in der Werkzeugleiste das Rote-Augen-Korrektur-Werkzeug, das zuverlässig tut, was Sie von ihm erwarten.

Adobe hat die Übersetzung der Werkzeugnamen überarbeitet, manche sind dabei länger geworden und passen nicht ganz in die Textmasken der Bedienfelder.

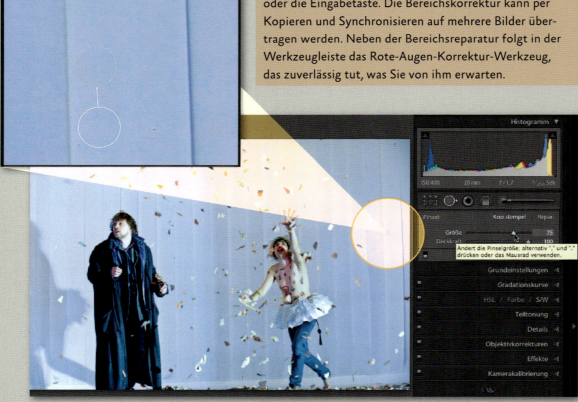

ENTWICKELN

Der Verlaufsfilter

Der Verlaufsfilter trägt diese lokalen Effekte auf:
- Belichtung
- Helligkeit
- Kontrast
- Sättigung
- Klarheit
- Schärfe
- Farbe

Verlaufsfilter
Starten Sie das Verlaufsfilterwerkzeug in der Werkzeugleiste mit einem Klick auf das Icon oder mit ‚M'. Lightroom setzt darauf den Maskenmodus in der Werkzeugleiste Verlaufsfilter auf **Neu**. Wählen Sie die gewünschte Korrektur aus der Liste im Popup-Menü **Effekt** aus. Benutzen Sie Belichtung, um ausgewählte Bildbereiche aufzuhellen oder abzudunkeln, wie beim Abwedeln oder Nachbelichten. Helligkeit arbeitet so ähnlich, beschränkt seine Wirkung aber auf die Mitteltöne. Klicken Sie in das Bild und weiße Führungslinien mit einem Kontroll-Pin in der Mitte erscheinen unter dem Cursor. Die Linien stellen die mittleren, unteren und oberen Bereiche des Filtereffekts dar. Der Pin ist später immer wieder auswählbar, um über die Schieberegler oder die Plus/Minus-Buttons den Effekt anzupassen.

Der Verlaufsfilter wird über editierbare Bearbeitungspunkte gesteuert.

◐ **Die Bearbeitungspunkte** lassen sich optional ein- und ausblenden.

◐ **Wählen** Sie den gewünschten Effekt aus den Vorgaben oder speichern Sie Ihre eigenen Einstellungen ab.

Positionieren Sie den Cursor über der mittleren weißen Linie, bis er sich in einen gekrümmten Doppelpfeil verwandelt, und ziehen Sie dann, um den Verlauf zu drehen. Fassen Sie eine der äußeren weißen Linien und ziehen Sie an ihr, um den Bereich des Verlaufs an diesem Ende des Spektrums zu vergrößern. Oder ziehen Sie die Linie zur Mitte des Fotos, um den Bereich des Verlaufs an diesem Ende des Spektrums zu verkleinern. Mehrere Verläufe mit unterschiedlichen Werten und Effekten lassen sich übereinander platzieren und miteinander kombinieren. Um einen Verlauf zu löschen, markieren Sie den Pin und drücken Sie die Löschtaste der Tastatur. Speichern Sie Ihre aktuellen Einstellungen bei Bedarf als Vorgabe oder übertragen Sie die Effekte per Kopier- oder Synchronfunktion auf weitere Bilder. Wenn Sie einen Horizontverlauf abdunkeln wollen, klicken Sie in das Bild und halten dann beim Ziehen der Maustaste die ⇧-Taste fest. Hiermit verhindern Sie ein ungewolltes Verdrehen des Verlaufswinkels. Halten Sie die ⌥-Taste, um den Verlauf von der zentralen Position des Pin her nach außen zu erzeugen. Um das Bild besser beurteilen zu können, lassen sich Pins und Linien mit der Taste ‚H' aus- und einblenden, ohne dass Sie das Werkzeug dafür verlassen müssen. Klicken Sie auf *Zurücksetzen* im unteren Bereich des Panels, um alle eingestellten Korrekturen zu entfernen und den Masken-Modus wieder auf *Neu* zu setzen. Wenn Sie fertig sind, drücken Sie erneut die Taste ‚M' oder klicken Sie auf das Werkzeugsymbol in der Leiste, um den Modus zu verlassen.

Kombinieren Sie mehrere Effekte und verschiedene Verläufe in einem Motiv. ◐

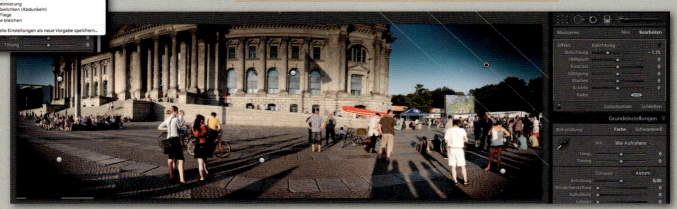

ENTWICKELN

Der Verlaufsfilter

Fotografieren ist wie Bogenschießen: richtig zielen, schnell schießen, abhauen.

Henri Cartier-Bresson

Der Korrekturpinsel

Korrekturpinsel
Klicken Sie den Button in der Werkzeugleiste oder drücken Sie ‚K', um den Pinsel aufzurufen. Der obere Teil des Bedienfelds gleicht dem des Verlaufswerkzeugs inklusive den bekannten Einstelloptionen. Maskieren zeigt, ob Sie einen neuen Pinsel benutzen oder einen schon vorhandenen bearbeiten. Im dritten Bedienfeldsegment wird die Arbeitsspitze des Pinsels eingestellt. Zwei voneinander unabhängige Spitzen, A und B genannt, stehen zur Verfügung. So lässt sich zwischen zwei mit unterschiedlichen Eigenschaften versehenen Pinselspitzen wechseln, ohne dafür die Werte anpassen zu müssen. Pinsel A ist standardmäßig aktiviert. Zur Auswahl stehen die Größe *(der Durchmesser der Pinselspitze in Pixeln)*, eine Weiche Kante *(der Übergang zwischen den vom Pinsel beeinflussten Pixeln und der Bildumgebung)* und Fluss *(die Rate, mit der die Korrektur angewendet wird)*. Der Knopf *Automatisch maskieren* beschränkt die Pinselstriche auf Bereiche mit ähnlichen Farben, z.B. eine Rosenblüte gegen einen dunklen Hintergrund, und der Wert für Dichte steuert, ähnlich wie Deckkraft, die Transparenz der aufgetragenen Pinselstriche.

Der Korrekturpinsel trägt diese lokalen Effekte auf:
→ Belichtung
→ Helligkeit
→ Kontrast
→ Sättigung
→ Klarheit
→ Schärfe
→ Farbe

ENTWICKELN

Der Korrekturpinsel

Zeigen Sie die Überlagerung der aufgemalten Maske an, indem Sie den Cursor über dem Bearbeitungspunkt schweben lassen, oder schalten Sie diese dauerhaft ein.

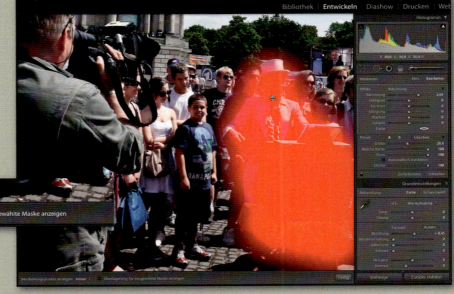

Schützen Sie sensible Bereiche mit der Automatischen Maskierung des Korrekturpinsels.

Speichern Sie eigene Vorgaben für beide lokalen Korrekturwerkzeuge Verlaufsfilter und Korrekturpinsel ab, um später wieder auf diese zurückgreifen zu können.

Marie-Elisabeth-Lüders-Haus
*Adele-Schreiber-Krieger-Straße und Schiffbauerdamm,
Berlin*

Panorama aus 15 Einzelbildern

ENTWICKELN+
AUSTAUSCH MIT PHOTOSHOP UND EXTERNEN EDITOREN

Lightroom ist großartig und mancher Fotograf muss es wochenlang nicht verlassen, vor allem seitdem die lokalen Korrekturwerkzeuge hinzugekommen sind. Allerdings gibt es doch noch ein paar Dinge, die Sie lieber in Photoshop erledigen sollten. Die beiden Programme stehen sich ziemlich nahe, aber Sie sollten trotzdem ein paar Grundeinstellungen für einen problemlosen Workflow im Auge behalten:

Mit Lightroom werden Camera-Raw-Dateien direkt in Photoshop CS3 (10.0.1) oder höher geöffnet. Lightroom muss jedoch TIFF- oder PSD-Kopien der Camera Raw- und DNG-Dateien an Photoshop Elements und andere externe Editoren senden, die keine RAW-Dateien lesen können. In den Voreinstellungen für die externe Bearbeitung können Sie das Dateiformat, den Farbraum, die Bittiefe und den Komprimierungsgrad für die TIFF- und PSD-Dateien festlegen. 16-Bit ProPhoto RGB ist die empfohlene Option, der Lightroom-eigene Farbraum. Wenn Sie Camera-Raw-Dateien direkt aus Lightroom in Photoshop öffnen und dort speichern, werden die in den Voreinstellungen für die externe Bearbeitung festgelegten Einstellungen angewandt. Sie finden die hier abgebildeten Einstellungen für Lightroom unter *Voreinstellungen/Externe Bearbeitung* ⌘-U, die für Photoshop unter *Voreinstellungen/Dateihandhabung* und *Bearbeiten/Farbeinstellungen* oder ⇧⌘-K.

Stellen Sie das Dateiformat in Lightroom auf PSD und die Maximierung der Kompatibilität in Photoshop auf *Immer*.

Wechseln Sie in Photoshop für einen geschlossenen RAW-Workflow auf Prophoto RGB.

ENTWICKELN+

Bilder in Photoshop öffnen

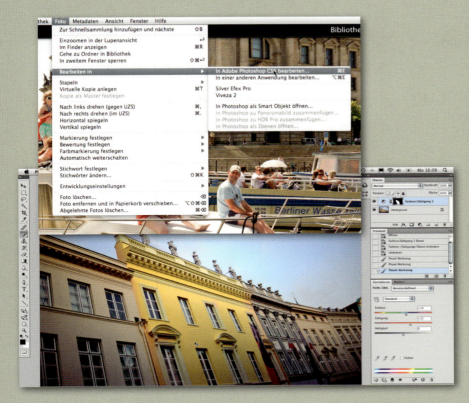

Der direkte Weg, Bilder aus Lightroom in Photoshop zu öffnen, führt über *Foto/Bearbeiten in/In Adobe Photoshop bearbeiten*. Eine RAW- oder DNG-Datei wird direkt geöffnet, bei JPEGs, TIFFs und PSDs müssen Sie erst im Dialogfeld *Foto bearbeiten* eine der folgenden Optionen auswählen:

> **→ Kopie mit den Lightroom-Anpassungen bearbeiten**
> Wendet eine beliebige von Ihnen vorgenommene Lightroom-Anpassung auf eine Kopie der Datei an und sendet diese Datei zur Bearbeitung an Photoshop.
>
> **→ Kopie bearbeiten**
> Bearbeitet eine Kopie der Ursprungsdatei ohne Lightroom-Anpassungen.
>
> **→ Original bearbeiten**
> Bearbeitet die ursprüngliche Datei ohne Lightroom-Anpassungen.

Stapeln Sie das bearbeitete Foto mit dem Original mit der Funktion *Mit Original stapeln*, wie auf Seite 54 gezeigt. Speichern Sie die Datei nach der Bearbeitung in Photoshop. Lightroom fügt das Bild zum Katalog hinzu. RAW-Dateien werden als TIFFs hinzugefügt; JPEGs, TIFFs und PSDs im Originalformat.

> **Wichtig:**
> Damit Sie die beschriebenen Funktionen nutzen können, muss **Photoshop CS3 10.0.1** oder höher auf Ihrem Computer installiert sein.

Fotos als Smart-Objekte in Photoshop bearbeiten

Sie haben die Möglichkeit, aus Lightroom heraus Bilder in Photoshop als Smart-Objekt zu öffnen. Im folgenden Beispiel benutzen wir diese Option, um eine Art von Mini-HDR-Aufnahme zu erzeugen. Eine Plastik von Jeff Koons, Piglet aus einem Pu-der-Bär-Malbuch, im Cantor Dachgarten des Metropolitan Museum of Art, belichtet von der Automatik der Lumix mit 1/1000 Sekunde und Blende 8. Ich habe in den Grundeinstellungen von Lightroom die Belichtung auf +99 gesetzt, was die Besucher des Dachgartens ins richtige Licht setzt, aber dafür den Himmel über Manhattan ausreißen lässt. Diese Himmelskorrektur erledigen wir in Photoshop. Wählen Sie *Foto/Bearbeiten in/In Photoshop als Smart-Objekt öffnen*. Sie können den Befehl auch mit dem Kontextmenü nach direktem Klick auf das Bild aufrufen. Photoshop, in diesem Fall ist es die Version 11, auch bekannt unter CS4, öffnet eine neue Datei, mit unserem Bild als Smart-Objekt. Wenn Sie unter *Bild/Bildgröße* oder ⌘-I nachsehen, werden Sie feststellen, dass die Datei eine Auflösung von 250 dpi hat, wie in den Vorgaben von Lightroom eingestellt.

ENTWICKELN+

Fotos als Smart-Objekte in Photoshop bearbeiten

Im nächsten Schritt kopieren wir die einzelne Ebene, für die Photoshop den Namen der Originaldatei übernommen hat, mittels *Ebene/Smart-Objekte/Neues Smart-Objekt durch Kopie*. Das ist wichtig, denn wenn Sie die Ebene einfach nur duplizieren, bleibt das Duplikat genau wie die Originalebene ‚smart' mit dem Original in Lightroom verbunden. Da wir aber beide Ebenen unabhängig voneinander bearbeiten wollen, brauchen wir die Kopie.

Wenn Sie nun das Vorschaubild der oben liegenden, kopierten Ebene doppelklicken, wird diese direkt in Camera Raw geöffnet. ACR übernimmt mittels der Metadaten die von Lightroom übermittelten Belichtungseinstellungen, das Bild steht also auf +99. Ich reduziere die Belichtung und erhöhe gleichzeitig Dynamik und Sättigung, um die Wolken klar hervortreten zu lassen.

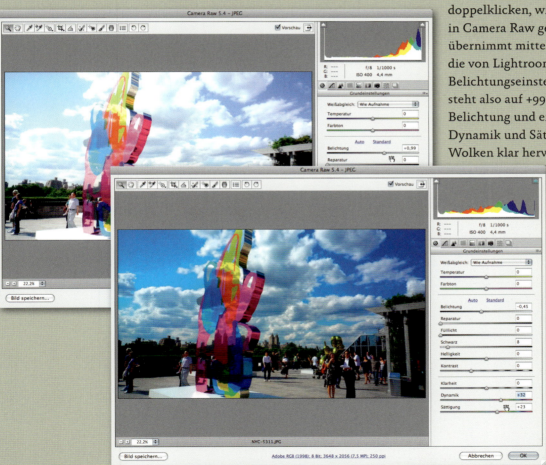

109

Fotos als Smart-Objekte in Photoshop bearbeiten

Ich klicke OK und ACR überträgt die Änderungen auf unser kopiertes Smart-Objekt. Das in der Ebene darunter liegende Original hat seine Einstellungen aus Lightroom behalten. Ich klicke in der *Masken*-Palette auf das Icon für *Pixelmaske hinzufügen*. Sie können auch, mit dem Icon rechts daneben, Vektormasken hinzufügen. Außerdem werden automatisch die erforderlichen Ebenenmasken erzeugt, wenn Sie eine der Vorgaben aus der *Korrekturen*-Palette auswählen. Dort können Sie zwischen *Helligkeit/Kontrast*, *Tonwertkorrektur*, *Gradationskurven*, *Belichtung*, *Dynamik* und zehn weiteren Korrektureinstellungen wählen. Die Korrekturen und Ebenenmasken wurden durch eine Interfaceanpassung in Photoshop CS4 wesentlich zugänglicher gemacht, so dass es jetzt einfacher ist, ähnlich wie in Lightroom, auch in Photoshop einen nichtdestruktiven Workflow auf die Bilder anzuwenden.

Wählen Sie in der Ebenenpalette die neue Ebenenmaske aus und aktivieren Sie das Pinselwerkzeug ‚B'. Die Ebenenmaske ist mit Weiß gefüllt, Sie müssen daher auf Schwarz als Vordergrundfarbe wechseln. Wenn der kleine Vordergrundfarbenanzeiger am unteren Ende der vertikalen Werkzeugpalette ein weißes Quadrat über einem schwarzen zeigt, drücken Sie einfach ‚X', damit werden Vorder- und Hintergrundfarbe ausgetauscht.

ENTWICKELN.

Fotos als Smart-Objekte in Photoshop bearbeiten

Gehen Sie jetzt daran, Durchmesser und Weichheit der Pinselspitze interaktiv einzustellen. Drücken Sie hierfür bei ausgewähltem Werkzeug die Tasten Ctrl und ⌥ zusammen mit gedrückter Maustaste. Eine Echtzeitvorschau der Spitze erscheint auf Ihrem Bild, in Knallrot gehalten. Schieben Sie die Maus mit gedrücktem Knopf nach rechts und links, um das Werkzeug zu vergrößern oder zu verkleinern. Drücken Sie zusätzlich noch die ⌘-Taste, um die Härte anzupassen. Malen Sie jetzt mit dem Pinsel in die Maske hinein und maskieren Sie somit den dunklen Bereich der Vordergrundebene. Wenn Sie über Bereiche, die Sie erhalten wollen, drübermalen, kein Problem. Tauschen Sie einfach mit ‚X' die Farben aus und korrigieren Sie die Stelle in der Maske. Benutzen Sie im Anschluss im Bedienfeld *Masken* die Option *Verbessern: Maskenkante*, um die Maskierung weiter zu verfeinern. Sie können dort nicht nur Radius und Kontrast der Maske, sondern auch Kantenglättung, Radius und Weichheit bearbeiten und das Ergebnis anhand fünf verschiedener Vorschaumodi in Echtzeit überprüfen. Speichern Sie die Datei und kehren Sie zu Lightroom zurück. Das bearbeitete Bild wird automatisch neben dem Original im Filmstreifen eingefügt. Die Datei wurde von Photoshop im selben Ordner wie das Original abgelegt, in diesem Fall unter dem Namen NYC-531-Edit.psd.

Panoramen in Photoshop

Meine Lieblingsfunktion beim Austausch von Bildern zwischen Lightroom und Photoshop ist ganz klar das Erzeugen von Panoramen mit *Photomerge*. Die Einfachheit, mit der diese Funktion jedes Mal zuverlässig abläuft, ist pure Pixelmagie. Und Sie können mit Panoramen mehr machen, als eine Gebirgskette zu fotografieren, die nicht auf ein einzelnes Bild passt. Sie können mit der Methode auch die Auflösung Ihrer Kamera erhöhen. Warum eine 24 Megapixel D3x kaufen, wenn Photoshop für Sie große Bilder zusammenrechnen kann. Ich benutze die Panoramafunktion regelmäßig auch in der Theaterfotografie, wo ich den Vorteil habe, die ganze Bühne in normaler Perspektive abbilden zu können, ohne zum 15 mm Superweitwinkel greifen zu müssen (dann sieht das aus wie das untere Bild). Ich fotografiere meine Panoramen aus der Hand, wichtig ist nur, dass Ihre Bilder sich an den Anschlussstellen überlappen, von einem Viertel bis zu einem Drittel. Meistens füge ich hochformatige Aufnahmen aneinander oder mache im Querformat drei Dreierreihen. Das Panorama oben links aus der Inszenierung *Rio Reiser* besteht aus fünf querformatigen Bildern, aufgenommen mit der Brennweite 80 mm. Fotografieren Sie nach Möglichkeit mit manueller Belichtungszeit, um Helligkeitsschwankungen zwischen den Bildern zu vermeiden, und stellen Sie beim Fotografieren mit einem Zoom sicher, dass sich die Brennweite nicht verstellt. Wichtig ist, dass Sie genug Boden und Ränder fotografieren, damit Ihnen beim Beschneiden keine Bereiche fehlen und Lücken entstehen, die dann minutiös mit dem Stempel aufgefüllt werden müssen.

ENTWICKELN+

Panoramen in Photoshop

Wählen Sie Ihre für das Panorama bestimmte Serie in Lightrooms Bibliotheksraster aus und markieren Sie die Bilder. Im Beispiel verwende ich neun hochformatige Aufnahmen von der Bethesda Terrace mit Emma Stebbins *Angel of the Waters*-Brunnen im Central Park. Wählen Sie *Foto/Bearbeiten in/In Photoshop zu Panoramabild zusammenfügen* aus dem Menü. Sie können den Befehl auch mit dem Kontextmenü nach direktem Klick auf eines der Bilder aufrufen. In Photoshop CS4 startet automatisch der Photomerge-Dialog. Die aus Lightroom transferierten Bilder sind direkt unter *Verwenden:* aufgelistet. Belassen Sie die Panoramafunktion ruhig auf Auto. In dieser Einstellung analysiert Photoshop die Ursprungsbilder und wählt dann zwischen *Perspektivisch*, *Zylindrisch* und *Kugelförmig* die optimale Photomerge-Methode für die Ursprungsbilder aus.

Perspektivisch bestimmt eines der Originalbilder (normalerweise das mittlere) als Referenz. Die anderen Bilder werden dann um diese Mitte des Panoramas herum transformiert (und dabei nach Bedarf repositioniert, gedehnt oder verzerrt).

Zylindrisch vermeidet die wie ein nicht gefalteter Zylinder wirkende Verzerrung. Das Referenzbild befindet sich auch hier in der Mitte. Dies eignet sich am besten für sehr weite Panoramen.

Kugelförmig positioniert und verformt die Bilder wie auf der Innenseite einer Kugel. Geeignet für 360°-Panoramen.

Die weiteren Optionen in Photomerge sind:
- **Bilder zusammen überblenden** findet die optimalen Grenzbereiche zwischen den Einzelbildern und erzeugt die nahtlosen Überblendungsmasken.
- **Die Vignettierungsentfernung** gleicht auch unterschiedliche Belichtungswerte, zum Beispiel bei Wolkenaufnahmen, an.
- **Die Korrektur der geometrischen Verzerrung** korrigiert auch Bilder, die mit Fischaugen-Objektiven entstanden sind.

Panoramen in Photoshop

Klicken Sie in Photomerge auf OK und das Programm geht an die Arbeit. Photoshop öffnet zuerst alle Dateien und analysiert diese, danach werden sie als Einzelebenen angelegt. Dann werden die Ebenen automatisch überblendet. Weil die einzelnen Schritte, je nach Dateigröße und Menge der Originalfotos, etwas länger dauern können, hält Photoshop Sie während des ganzen Prozesses mit nach rechts wandernden Balken in freundlichen Fortschrittsfenstern auf dem Laufenden. Sobald das Ausrichten und Überblenden abgeschlossen ist, präsentiert Photoshop das fertige Panorama. In unserem Fall besteht es aus neun Ebenen samt Masken. Wenn Sie eine der Ebenen ausblenden, sehen Sie, wie raffiniert die Masken zum Verschmelzen der Einzelbilder strukturiert sind. Reduzieren Sie das Bild jetzt im Menü der Ebenenpalette auf die Hintergrundebene.

Nun beschneiden Sie das Panorama. Dadurch, dass ich die kleine Lumix in der Hand gehalten habe und kein Stativ dabei hatte, sackt das Bild nach rechts hin ab. Dadurch fehlt uns oben ein Stück Himmel, und erschwerend kommt hinzu, dass ich um den Engel herum wenig Platz gelassen habe. Nach erfolgtem Beschnitt lege ich eine Tonwertkorrektur-Einstellebene mit Ebenenmaske an. Mit dieser helle ich den Himmel so weit auf, bis keine Wolkenstruktur mehr erkennbar ist.

Durch einen Verlauf in der Maske wirkt sich die Korrektur nur auf die obere Bildhälfte aus. Außerdem muss ich noch eine Baumspitze mit dem Kopierstempel an den gekappten Wipfel in der Bildmitte setzen. Das war's. Ich sichere das Bild und es erscheint automatisch in der Bibliothek von Lightroom.

HDR in Photoshop

Das normale Sehen ist ein recht komplexer Vorgang. Während das Auge über eine Szene huscht, werden aus diversen kleinen Einzelbildern in Ihrem visuellen Kortex Gesamtansichten zusammengerechnet, deren Dynamikbereich sich über elf Blenden hinweg erstrecken kann. Da kein aktueller Bildprozessor diese Leistung des Gehirns nachahmen kann, fotografieren wir stets im Niedrigdynamikbereich. Steht eine Person vor einem hellen Hintergrund, wird dieser in der Regel überbelichtet. Es sei denn, Sie wollen die Person als Schattenriss abbilden. High Dynamic Range-Bilder (HDR) sind beliebt, weil sie die Wirklichkeit über die ganze Tonwertskala hinweg abbilden können, aber auch weil sie dabei oft eher wie ein Gemälde als wie eine Fotografie wirken. Lightroom bietet im Tandem mit Photoshop die Möglichkeit, Bilder mit dem HDR-Verfahren im Hochdynamikbereich zu entwickeln. Sie brauchen dafür nur eine Belichtungsreihe von drei bis fünf Bildern anzulegen, belichtet von -2 über 0 bis zu +2 Blendenstufen. Markieren Sie die Bilder in Lightroom und wählen Sie aus dem Menü *Foto/Bearbeiten in/In Photoshop zu HDR zusammenfügen*. Oder rufen Sie den Befehl mit dem Kontextmenü nach direktem Klick auf eines der Bilder auf.

Das Willy-Brandt-Haus erstrahlt in HDR.

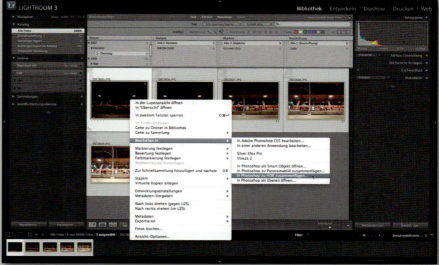

ENTWICKELN+

HDR in Photoshop

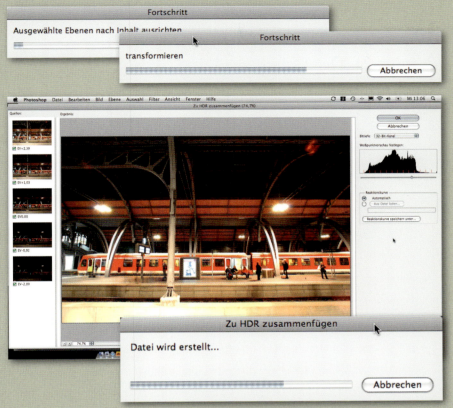

Photoshop macht sich an die Arbeit, im ersten Schritt werden erst mal wieder die Ebenen gegeneinander ausgerichtet. Danach folgt das Transformieren der einzelnen Ebenen. Nachdem diese Vorbereitungen abgeschlossen sind, öffnet sich die HDR-Dialogbox. An der linken Seite sind unter *Quelle:* die Originalbilder mit den ihnen zugeordneten Lichtwerten vom über- zum unterbelichteten Bereich angeordnet. Sie können jetzt noch Bilder aus dem HDR-Prozess ausklammern, indem Sie das kleine Häkchen neben dem Bildnamen klicken. Dies empfiehlt sich allerdings nur, wenn ein Lichtwert von einer Datei doppelt besetzt ist, sonst fehlt dem Bild später dieser Dynamikbereich. Das Bild wird im 32-Bit-Modus angezeigt, was Ihr Display allerdings nicht wiedergeben kann. Mit einem Schieberegler können Sie die Weißpunktvorschau festlegen, hiermit können Sie das Bild bei Bedarf aufhellen oder abdunkeln. Sie können sich auf die automatisch generierte Reaktionskurve verlassen, aber auch eine eigene schon zuvor verwendete laden oder eine aktuelle Kurve abspeichern. Klicken Sie OK. Photoshop fügt jetzt die HDR-Datei zusammen.

Das Große Haus
im Theater Lübeck.

117

HDR in Photoshop

Die Datei wird im 32-Bit-Modus geöffnet. Da Ihr Display diese Information nicht darstellen kann, müssen Sie das Bild umwandeln. Wählen Sie dafür im Menü *Bild/Modus/16-Bit-Kanal...* Photoshop öffnet jetzt den HDR-Konvertierungsdialog. Wechseln Sie von den Einstellungen für Belichtung und Gamma zu *Lokale Anpassung.* Justieren Sie hier die Schieberegler für Radius und Schwellenwert. Ich habe für dieses Motiv die Werte 23 Pixel und 0,42 festgelegt, allerdings gibt es zur Lokalen Anpassung keine Standardempfehlungen. Sie können sich hier ganz auf Ihren Geschmack verlassen, um das Beste aus der HDR-Aufnahme herauszuholen. Öffnen Sie nun mit dem Dreiecksbutton die Toning-Kurve. Verstärken Sie hier den Ausgleich der Tonwertbereiche zwischen Tiefen und Lichtern. Bedenken Sie hierbei, dass der Kontrast mit der Steilheit der Kurve ansteigt. Bestätigen Sie die Einstellungen mit OK. Photoshop reduziert die Datei mit den gewählten Einstellungen in den 16-Bit-Modus.

Überprüfen Sie das Bild jetzt auf durch den HDR-Prozess und das eben durchgeführte Tone-Mapping entstandene Artefakte. Um starke Lichtquellen herum kann es zum Beispiel zu einer Halo-Bildung kommen. Dieser können Sie sich aber leicht mit dem Einsatz handelsüblicher Werkzeuge, wie in diesem Fall dem Weichzeichner von Photoshop, entledigen.

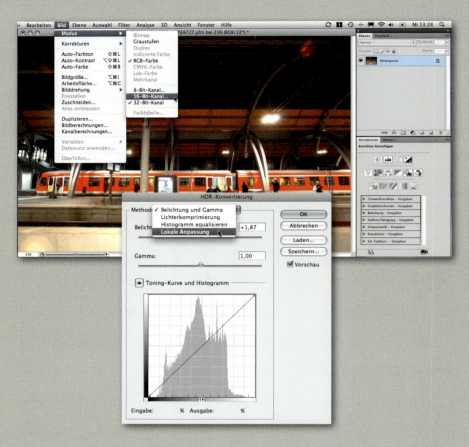

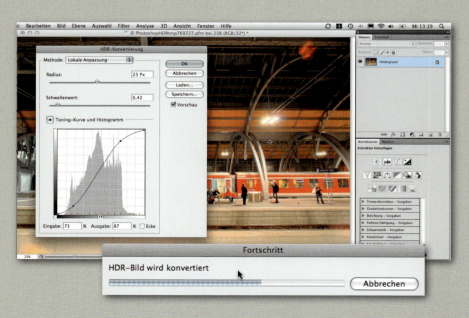

ENTWICKELN+

HDR in Photoshop

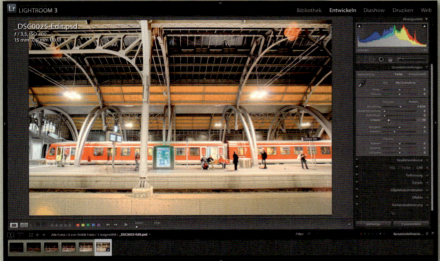

Ein anderer Effekt, der je nach Motiv auftreten kann, sind Geisterbilder. Diese werden durch Personen oder Fahrzeuge hervorgerufen, die sich während der Belichtungsreihe bewegt haben. Entscheiden Sie je nach Situation, ob Sie den Kopierstempel einsetzen wollen oder das Bild vielleicht nicht entscheidend gestört wird. Im Fall der Reisenden auf dem Bahnsteig lasse ich diesen einfach freien Lauf. Speichern Sie die Datei in Photoshop und nehmen Sie eventuelle weitere Korrekturen im Entwickelnmodul nach der Rückkehr zu Lightroom vor. Ich habe in diesem Fall das Bahnhofsdach mit einem Verlaufsfilter aufgehellt, mit einem weiteren das Gleisbett abgedunkelt und mit dem Korrekturpinsel das beleuchtete Poster auf dem Bahnsteig etwas abgedunkelt und getönt.

Fertig ist Ihre HDR-Aufnahme.

Photoshop CS5 wartet mit einem komplett überarbeiteten Modul, HDR Pro, auf. HDR Pro hat keine Probleme mehr mit Geisterbildern oder anderen Artefakten. Und auch Nik Software plant, dieses Jahr eine HDR-Lösung auf den Markt zu bringen.

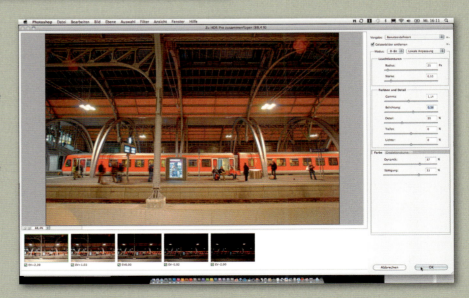

Bilder in Photoshop als Ebenen öffnen

Die vierte Variante der Interaktion mit Photoshop ist das Öffnen von mehreren Einzelbildern als Ebenen in einem Dokument. Hierbei können wir auf die Fähigkeit des Bildbearbeitungsprogramms zurückgreifen, Ebenen pixelgenau gegeneinander auszurichten. Im ersten Beispiel öffnen wir zwei Schwarzweißbilder vom Glaskubus des Apple Store in der 5th Avenue als Ebenen. Wie gewohnt können Sie diese Funktion mit dem Kontextmenü oder dem Menü unter *Foto/Bearbeiten in/ In Photoshop als Ebenen öffnen* ausführen, Sie haben jetzt bestimmt schon herausgefunden, welche dieser Methoden Ihnen besser liegt. Photoshop öffnet die beiden Bilder und legt sie als zwei Ebenen untereinander in einem neuen Dokument an. Markieren Sie beide Ebenen zusammen in der Ebenenpalette und wählen Sie dann aus dem Menü *Bearbeiten/Ebenen automatisch ausrichten*. Der darauf erscheinende *Ebenen automatisch ausrichten*-Dialog erinnert an Photomerge und bietet dieselben Ausrichtoptionen. Belassen Sie es bei *Auto* und klicken Sie OK.

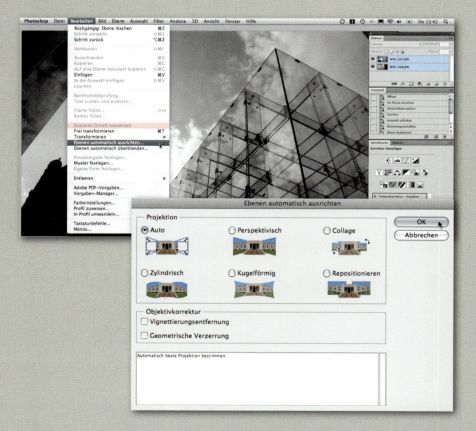

ENTWICKELN+

Bilder in Photoshop als Ebenen öffnen

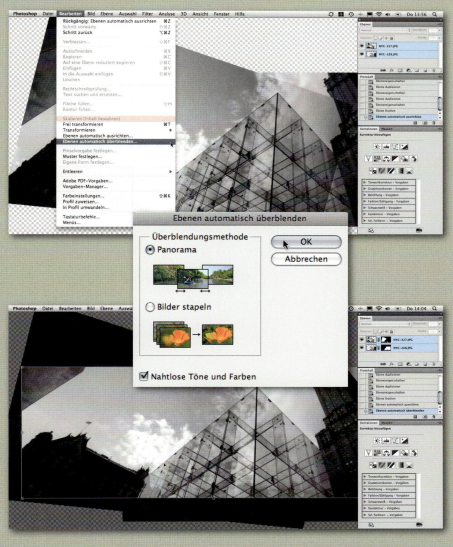

Das Bild entstand mit Brennweite 24mm und einer schräg nach oben gehaltenen Kamera, daher sieht das Ergebnis der ausgerichteten Ebenen etwas abenteuerlich aus. Außerdem sehen Sie an der Überlappungsstelle der beiden Ebenen noch einen deutlichen Helligkeitsunterschied zwischen beiden Bildern. Diesen müssen Sie jetzt aber nicht manuell angleichen, auch hierfür bietet Photoshop eine Ebenenfunktion. Wählen Sie *Bearbeiten/Ebenen automatisch überblenden ...* aus dem Menü und Photoshop erledigt das für Sie. Wählen Sie in der Dialogbox *Panorama* als Überblendungsmethode (zu *Bilder stapeln* kommen wir auf der nächsten Seite) und achten Sie auf die Aktivierung der Funktion *Nahtlose Töne und Farben*. Nach der erfolgten nahtlosen Überblendung der beiden Ebenen können Sie das Bild bei Bedarf beschneiden, auf die Hintergrundebene reduzieren und speichern. Schließen Sie die Datei und kehren Sie zu Lightroom zurück. Hier können Sie das Bild im Entwickelnmodul weiter bearbeiten, wie hier im Beispiel das Graustufenbild mit der Teiltonung einfärben.

Bilder in Photoshop als Ebenen öffnen

Sie können das automatische Überblenden von Ebenen in Photoshop aber noch für etwas anderes nutzen. Vielleicht haben Sie schon einmal einen Gegenstand fotografiert und konnten wegen einer technischen Einschränkung die Schärfentiefe nicht so weit ausdehnen wie gewünscht. Sagen wir einfach, Sie fotografieren einen Käfer mit einem Makroobjektiv und relativ großer Blendenöffnung. Die Fühler sind noch scharf, das erste Beinpaar vielleicht auch noch, aber der Rest des Insekts verschwindet im Bokeh. In Photoshop CS4 können Sie aus einer Belichtungsreihe mit von Bild zu Bild über das Motiv wandernder Schärfentiefe ein über die gesamte Bildebene scharfes Bild generieren. Ich hatte keinen Käfer zur Hand, deshalb begnügen wir uns mit einem Photoshop-Karton und meinem iPhone. Fotografiert mit einem 85/1,4 wandert die Schärfe in den sechs Aufnahmen von vorne nach hinten. Öffnen Sie die Bilder wie im vorherigen Beispiel in Photoshop als Ebenen und richten Sie sie aus, auch bei einer Stativaufnahme. Führen Sie dann die automatische Überblendung durch, diesmal jedoch mit der Methode *Bilder stapeln*. Ähnlich wie bei der Panoramafunktion hat Photoshop automatisch Ebenenmasken erzeugt und aus den sechs Ebenen wurde ein komplett scharfes Bild zusammengefügt. Reduzieren Sie das Bild auf die sichtbare Ebene, speichern Sie es und kehren Sie zu Lightroom zurück.

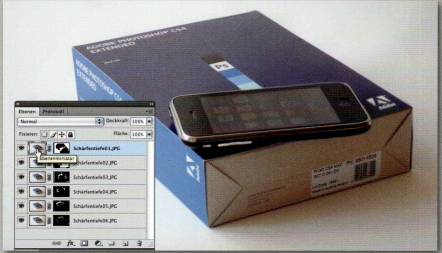

ENTWICKELN+

Bilder in Photoshop als Ebenen öffnen

Eine andere Variante kommt zum Einsatz, sollten Sie zwei Aufnahmen mit jeweils scharfem Vorder- und Hintergrund haben und diese zu einem Bild zusammenfügen wollen.
Wählen Sie hierfür die Aufnahmen in der Bibliothek aus und öffnen Sie sie als Ebenen in Photoshop...
Richten Sie die Ebenen gegeneinander aus. Das scharfe Fernrohr befindet sich in der oberen Ebene. Klicken Sie bei ausgewählter Ebene im Masken-Bedienfeld mit gedrückter ⌥-Taste auf *Pixelmaske hinzufügen*. Die Ebene wird mit einer Schwarz gefüllten Maske versehen und das Bild wird somit komplett verborgen. Wählen Sie den Pinsel aus und malen Sie mit Weiß in die Maske, um das scharfe Fernrohr freizulegen. Passen Sie Ihre Pinselspitze und den Härtegrad dem Motiv an und korrigieren Sie Fehler durch den Wechsel zu Schwarz als Vordergrund, die Maske lässt sich damit wieder schließen. Reduzieren Sie das Bild auf die Hintergrundebene, beschneiden Sie durch das Ausrichten entstandene unregelmäßige Ränder und speichern Sie das Ergebnis.

123

Neu in Photoshop CS5: Verbesserte Maskenkante

Das Masken-Bedienfeld wurde für **Photoshop CS5** neu bearbeitet und bietet jetzt mit der Option, die Maskenkante zu verbessern, auch dem Gelegenheitsretuscheur die Möglichkeit, komplizierte Strukturen wie Haare perfekt und mühelos freizustellen. Öffnen Sie ein Bild, dessen Hintergrund Sie austauschen möchten, in Photoshop CS5. Markieren Sie den Hintergrund grob mit dem *Schnellauswahlwerkzeug* (das beim Zauberstab) und legen Sie eine Maske an. Klicken Sie im Masken-Bedienfeld auf *Verbessern: Maskenkante* und stellen Sie im Dialogfeld die Anzeige auf Schwarz. Bearbeiten Sie kritische Kantenbereiche mit dem Radius-Verbessern-Werkzeug und klicken Sie dann OK. Die Ebenenmaske hat einen wunderbaren glatten Maskenrand bekommen. Versuchen Sie das unbedingt mal mit Haaren, es ist großartig. Fügen Sie einen Hintergrund Ihrer Wahl ein, Fertig.

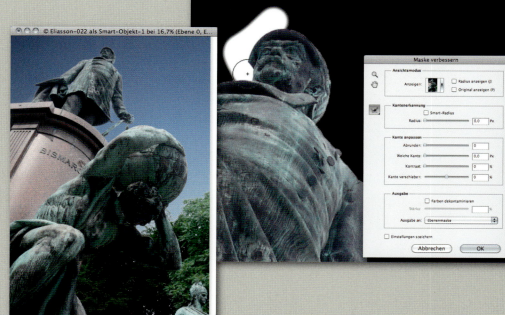

ENTWICKELN+

Neu in Photoshop CS5: HDR-Tonung

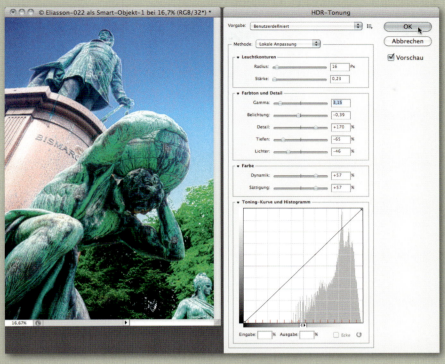

Wie schon erwähnt, wurde die HDR-Engine für **Photoshop CS5** komplett überarbeitet. Und HDR-Fotografie, und der bestimmte Look dieser Technik, wird immer beliebter. Grund genug für Adobe, einen Filter einzubauen, der HDR imitiert. Denn auch wenn Sie keine Belichtungsreihe eines Motivs zur Hand haben, hilft Photoshop Ihnen dabei, aus einem Einzelfoto ein HDR-Bild zu machen. Öffnen Sie ein Bild und wählen Sie dann *Bild/Korrekturen/ HDR-Tonung...*
Das Kontrollfeld bietet die gleichen Presets wie das echte HDR-Pro und schon haben Sie eine Hochdynamikaufnahme auf dem Bildschirm. Funktioniert nicht bei allen Motiven, ist aber zum Ausprobieren auf jeden Fall empfehlenswert.

Das HDR-Imitat bringt das Kupfer zum Leuchten. Das Ausgangsbild war an einem bedeckten Tag durchschnittlich belichtet, der Effekt kann durchaus Strukturen hervorzaubern.

Neu in Photoshop CS5: Inhaltssensitives Füllen

Eine der erstaunlichsten Neuerungen in **Photoshop CS5** ist das inhaltssensitive Füllen. Angenommen, Sie haben ein Foto mit einer großen Treppe, einem Fotografen und einem hübschen Mädchen in einem lilafarbenen Kleid. Und Sie möchten das Mädchen entfernen. Kein Problem. Schicken Sie die Datei wie gewohnt hinüber zu Photoshop. Wechseln Sie dort mit der Taste ‚Q' in den Maskierungsmodus. Wählen Sie eine passende Pinselspitze aus und übermalen Sie (mit Schwarz und normalem Farbauftrag) die Konturen der jungen Dame. Die Auswahl sollte dabei nicht zu eng anliegen, lassen Sie ruhig ein paar Pixel Platz. Wechseln Sie mit ‚Q' zurück in den Standardmodus. Aus der Schnellmaske wird eine normale Auswahl. Wählen Sie aus dem Menü *Bearbeiten/Fläche füllen*. Die Dialogbox bietet von alleine Inhaltssensitiv, aber natürlich auch noch die herkömmlichen Füllmethoden zur Auswahl an. Klicken Sie OK. Photoshop rechnet kurz und füllt dann den Hintergrund mit einer überzeugenden Simulation aus. Dabei wird die Umgebung der Auswahl analysiert und der wahrscheinlichste Inhalt generiert, allerdings nicht einfach nur geklont, sondern zu einer neuen Struktur zusammengesetzt. Bei den meisten Motiven führt dies zu erstaunlich guten Ergebnissen, und kleine Unregelmäßigkeiten lassen sich mit dem Kopierstempel entfernen. Dieses Feature funktioniert übrigens auch mit dem Bereichsreparatur-Werkzeug.

ENTWICKELN.

Neu in Photoshop CS5: Inhaltssensitives Füllen

Und auch bei der Erzeugung von Panoramen kann uns das *inhaltssensitive Füllen* zur Hilfe kommen. Im Beispiel dienen vier Bilder des Berliner Martin-Gropius-Baus als Vorlage. Während dort im Sommer 2010 die großartige *Innen Stadt Außen* Ausstellung von Olafur Eliasson lief, stehen diese Damen und Herren Schlange für die *Frida-Kahlo-Retrospektive*. Gerade waren 30 Sonderbusse mit mexikanischen Touristen aus Warnemünde angekommen. Photomerge kann nur mit den Pixeln arbeiten, die man ihm gibt, und das Panorama ist leicht verzerrt. Als Erstes fülle ich die Lücke unten am Straßenrand inhaltssensitiv und speichere die Datei. Zurück in Lightroom wechsle ich ins Entwickeln-Modul und passe mit dem Bedienfeld Objektivkorrekturen die perspektivische Verzerrung an und beschneide das entzerrte Bild. Fertig.

Das Begradigen verzerrter Panoramen ist für Lightrooms Objektivkorrekturen kein Problem.

127

Externe Editoren

Die Zusammenarbeit mit Photoshop ist eine großartige Sache, aber Sie sind nicht nur darauf beschränkt. Lightroom kann auch mit anderen Programmen interagieren. Mit den Voreinstellungen für die externe Bearbeitung geben Sie das Dateiformat und andere Optionen für die Bearbeitung von Camera-Raw- und DNG-Dateien in externen Anwendungen an, welche die Mosaiksensordaten in Camera-Raw-Dateien nicht lesen können. Die in den Lightroom-Voreinstellungen unter *Externe Bearbeitung* gewählten Optionen werden auch von Photoshop verwendet (siehe Photoshop Roundtrip auf Seite 106). Sie finden die Lightroom-Voreinstellungen in *Windows* unter *Bearbeiten/Voreinstellungen* und auf dem *Mac* unter *Lightroom/Voreinstellungen*. Klicken Sie auf *Externe Bearbeitung*.

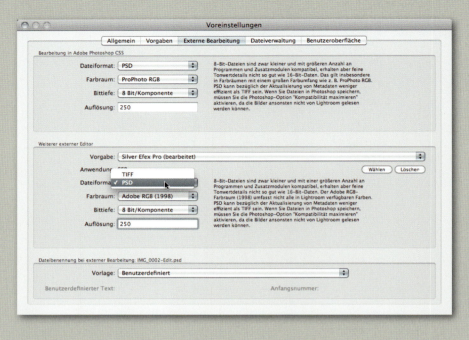

Im folgenden Beispiel benutzen wir *Silver Efex Pro* (SEP) vom Plug-in-Hersteller Nik Software als externen Editor. Alle Zusatzmodule von Nik arbeiten nicht nur als Plug-ins in Photoshop, sondern sind Lightroom-kompatibel, darunter auch Viveza, Dfine und Sharpener Pro. Lightroom kommentiert die möglichen Qualitätseinbußen im kleingedruckten Text. Ich wechsle trotzdem von TIFF zu PSD, wähle Adobe RGB und begnüge mich mit 8-Bit. Wählen Sie *Foto/Bearbeiten in/Silver Efex Pro*. Benutzen Sie das Kontextmenü oder die Tastenkombination ⌘⌥-E.

ENTWICKELN+

Silver Efex Pro

Die SEP-Dialogbox gibt Ihnen die Gelegenheit, die Voreinstellungen für externe Bearbeitung zu überarbeiten. RAW-Dateien lassen sich nur als Kopie mit den Lightroom-Anpassungen bearbeiten, daher sind die Optionen für Kopie und Original bearbeiten nicht verfügbar. Klicken Sie auf *Bearbeiten*. Lightroom generiert eine PSD-Datei mit Ihren Einstellungen und öffnet diese im externen Fenster von SEP. Bearbeiten Sie das Bild mit den Einstellungen des Plug-ins, Silver Efex Pro benutzt die U-Point-Technologie, zur selektiven Steuerung von Tonwert und Kontrast im Bild. Ich dunkle mit einem U-Punkt das Apple-Logo im Gegenlicht ab und helle mit einem weiteren Punkt die an die Säule gelehnte Person auf.

SEP bietet über 20 vordefinierte Stile und hat für das Simulieren bestimmter Schwarzweißemulsionen von Kodak, Ilford oder Fuji eine fortschrittliche Körnungs-Engine. Speichern Sie Ihre Einstellungen, das Bild wird automatisch in Lightroom importiert und mit dem Original gestapelt.

Dies beschließt den Abschnitt Entwickeln, mit dem ausgedehnten Ausflug zur Zusammenarbeit mit Photoshop und anderen externen Editoren.

Martin-Gropius-Bau,
Niederkirchnerstraße 7, Berlin
Lumix GF1 | 20 mm f5,6
1/1600 Sek. | ISO 400

AUSGABE
EXPORT, DIASHOW, DRUCKEN UND WEB

5:17 Eastside Gallery, *Berlin*
Lumix GF1 | 20 mm f1,7
1/1000 Sek. | ISO 400

EXPORT

Voreinstellungen

Da Sie die Originale Ihrer Bilder in Lightroom ja nicht direkt bearbeiten, sondern den Fotos Metadateninformationen anfügen, speichern Sie diese auch nicht direkt als veränderte Pixel in der Datei ab, wie beispielsweise in Photoshop. Daher bietet Lightroom im Menü auch nicht die Befehle ‚Speichern' oder ‚Speichern unter' an. Nach dem Bearbeiten Ihrer Fotos folgt daher als nächster Schritt das Exportieren. Denn erst beim Export werden die in Lightroom vorgenommenen Anpassungen auf die Originale angewendet und neue Dateien gerendert. Hierbei stehen JPEG, PSD, TIFF und DNG als Ausgabeformate zur Verfügung. Markieren Sie in der Bibliothek die zum Export bestimmten Aufnahmen und wählen Sie dann im Menü *Datei/Exportieren*. Oder Sie benutzen das Kontextmenü, wie hier links abgebildet, oder Sie drücken ⌘⇧-E.

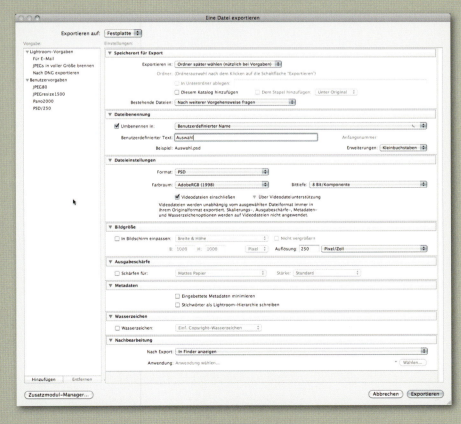

Nehmen Sie im Exportieren-Dialogfeld die für Sie relevanten Einstellungen vor. Entscheiden Sie, ob Sie die Bilder auf die Festplatte exportieren oder direkt auf eine CD brennen wollen. Auf der linken oberen Seite finden Sie die Lightroom-Exportvoreinstellungen *(Für E-Mail, JPEGs in voller Größe brennen* und *Nach DNG exportieren)*. Erzeugen Sie Exportvorgaben für verschiedene Einsatzbereiche und speichern Sie diese als Ihre Benutzervorgaben ab. Dies macht sich bei wiederkehrenden Exportabläufen schnell bezahlt.

Exportoptionen

Bestimmen Sie zunächst einen Speicherort. Zur Auswahl stehen ein spezieller Ordner oder der das Originalfoto enthaltende Ordner. Ich exportiere meine Bilder meistens in den Originalordner und verwende dafür die Option *In Unterordner* ablegen. Bei Vorgaben macht es sich dagegen bezahlt, den Ordner später zu wählen. Legen Sie unter Dateibenennung wie schon beim Bildimport eine Namensstruktur für Ihre importierten Bilder an.

In den Dateieinstellungen legen Sie das Dateiformat, den Farbraum und die angestrebte Qualität fest. Wählen Sie hier zwischen JPEG, PSD, TIFF, DNG oder dem Format der Originaldatei. Wählen Sie im Fall eines PSD-Exports zwischen SRGB, AdobeRGB und Prophoto. Außerdem können Sie die Bit-Tiefe auf 8 oder 16 festlegen. Da ich meistens PSDs für die Weiterverarbeitung in InDesign-Dokumenten für den Vierfarb-Offsetdruck erzeuge, wähle ich hier AdobeRGB (1998) und 8-Bit.

Auch beim Export von TIFFs lässt Lightroom Ihnen die Wahl zwischen den drei Farbräumen und zwei Bit-Tiefen sowie der verlustfreien LZW- und der ZIP-Komprimierung.

Beim DNG-Export legen Sie die Kompatibilität zu Adobe Camera RAW zwischen Version 2.4 und 5.4 fest und geben die Größe der integrierten JPEG-Vorschau vor. Die Original-RAW-Dateien lassen sich einbetten, was die Datei allerdings wesentlich größer macht und nicht nötig ist.

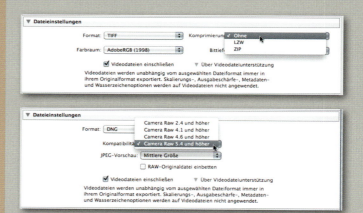

Videodateien werden optional mitexportiert, da Lightroom sie aber nicht bearbeiten kann, uneditiert und in ihrem Originalformat.

EXPORT

Exportoptionen

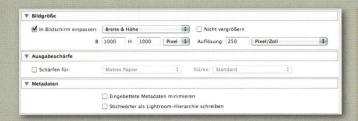

Legen Sie bei Bedarf eine Größenvorgabe und die Auflösung für die zu exportierenden Bilder fest. Möchten Sie testen, ob eine Belichtungsreihe für ein Panorama oder ein HDR-Bild in Photoshop geeignet ist, sparen Sie Zeit, indem Sie diesen Prozess nicht gleich mit den originalgroßen Dateien starten.

Ausgabeschärfe
Auch wenn Sie Ihre Bilder im Entwickelnmodul schon geschärft haben, so bietet Lightroom Ihnen hier die Option der Ausgabeschärfung. Wie bei der Bearbeitung in Photoshop, wo das *Unscharf Maskieren* der letzte Bearbeitungsschritt sein sollte, wählen Sie zum Beispiel für die geplante Ausgabe auf einem Tintenstrahldrucker zwischen unterschiedlichen Papieroberflächen und den angepassten Stärkegraden der Schärfung.

Metadaten
Aktivieren Sie die Funktion *Eingebettete Metadaten minimieren,* um alle persönlichen Informationen aus der Datei zu entfernen. Das Copyright bleibt allerdings erhalten. Wählen Sie *Stichwörter als Lightroom-Hierarchie schreiben,* um die Stichwörter in XMP einzubetten.

Das Wasserzeichen ist auch im Diashow-, Druck- und Webmodul verfügbar.

Wasserzeichen
Die Einstellungen hierfür wurden verfeinert und finden sich im Menü unter *Lightroom/Wasserzeichen bearbeiten...* Über den Wasserzeichen-Editor werden Position, Schriftart und Optionen wie Farbe, Deckkraft und Schatten vorgegeben oder es kann auf eine vorbereitete Grafikdatei mit Ihrem Logo im JPEG oder in dem Transparenz unterstützenden PNG-Format zugegriffen werden.

Nachbearbeitung
Öffnen Sie Ihre exportierten Bilder im Finder oder zur direkten Weiterverarbeitung in Photoshop bzw. einem externen Editor. Oder nutzen Sie den Ordner *Export Actions*. Mehr dazu auf der nächsten Seite.

Nachbearbeitung mit Export Actions

Wenn Sie unter dem Punkt Nachbearbeitung auf *Jetzt zum Ordner „Export Actions"* wechseln klicken, öffnen Sie damit, je nach System, folgendes Verzeichnis:

→ **Mac OS X:**
/[Benutzer]/Library/Application Support/Adobe/Lightroom/Export Actions/.

→ **Windows XP:**
\Dokumente und Einstellungen\[Benutzername]\Anwendungsdaten\Adobe\Lightroom\Export Actions\.

→ **Windows Vista:**
\Benutzer\[Benutzername]\App Data\Roaming\Adobe\Lightroom\Export Actions\.

Kopieren Sie ein Automatisierungselement Ihrer Wahl in diesen Ordner, um es im Exportdialog zugänglich zu machen. Im folgenden Beispiel habe ich **Russell Browns Photoshop-Bildprozessor** verwendet. Sie finden ihn dort im Menü unter *Datei/Skripten/Bildprozessor...* Falls Sie den Prozessor oder seinen Erfinder nicht kennen, sagen wir einfach, Russel ist für Photoshop, was Scotty für die Enterprise ist. Jim Kirk sagt also: „Scotty, ich brauche diese 36 JPEGs in sRGB, Qualität 7!" Für den Bildprozessor kein Problem. Ich habe den Befehl unter ‚JPEG sRGB Qualität7' in den Ordner Export Actions gespeichert. Beim nächsten Öffnen des Exportdialogs ist er dort unter diesem Namen direkt anwählbar. Sie sparen Zeit und wie üblich hat Scotty das Schiff gerettet. Russel, meine ich. Russel ist bekannt für seine unglaublichen Photoshop-Bühnenshows und war Art-Director bei Adobe an jenem Tag vor 20 Jahren, als die Gebrüder Knoll ihr kleines Pixelbearbeitungsprogramm zum Verkauf anboten. Brown selber hält sich allerdings für Spock.

Mehr zu Russell unter
http://www.russellbrown.com/index.html

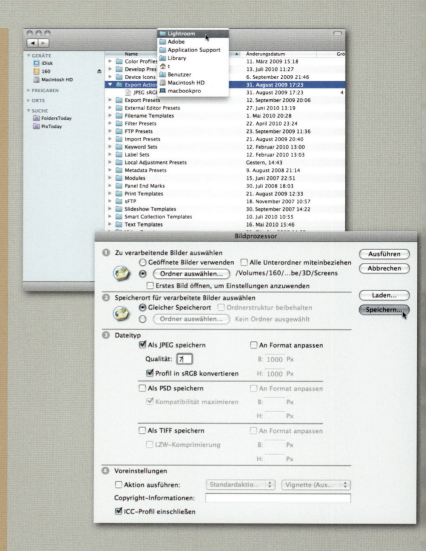

EXPORT

Veröffentlichungsdienste

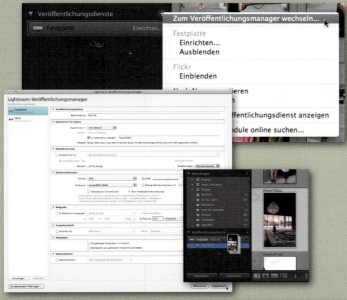

Die *Veröffentlichungsdienste* sind mit Lightroom 3 der Bibliothek als neue Option hinzugefügt worden. Hier wird eine Kombination von Importeinstellungen für einen spezifischen Ort oder Online-Dienst zusammengefasst. Klicken Sie auf das Pluszeichen der Titelleiste, um einen neuen Dienst anzulegen. Legen Sie die Exportvorgaben im *Veröffentlichungsmanager* fest, diese gleichen den auf den vorherigen Seiten besprochenen Optionen, und definieren Sie einen Zielordner (hier im Beispiel den Schreibtisch mit dem Unterordner *Neue Bilder*). Nach dem Speichern wird der neue Dienst im Bedienfeld angezeigt. Ziehen Sie eine Gruppe ausgewählter Bilder vom Bibliotheksraster auf den Dienstnamen, um ihn zu nutzen. Klicken Sie auf die Taste Veröffentlichen, um die Bilder gemäß der Vorgabe in den vordefinierten Ordner zu exportieren. Benutzen Sie die *Veröffentlichungsdienste* als Abkürzung, um sich bei regelmäßig wiederkehrenden Exportvorgängen den Weg über den Exportdialog zu sparen.

Allerdings verstehen sich die *Veröffentlichungsdienste* auf mehr als nur den Export zur heimischen Festplatte. So lässt sich auch ein Dienst für den direkten Export zu Flickr anlegen, um Ihre Bilder mit einem Mausklick hochzuladen.

Darüber hinaus bietet Adobe weitere Export-Zusatzmodule an, die Sie mit dem *Veröffentlichungsdienste*-Dialogfeld anzeigen lassen können. Ein Klick auf *Weitere Zusatzmodule online suchen* führt direkt zu Suchergebnissen auf Adobes Lightroom-Exchange-Website. Die *Veröffentlichungsdienste* sind eine sinnvolle Ergänzung und Vereinfachung des Exportvorgangs und durch weitere Zusatzmodule unkompliziert erweiterbar.

Das Modul

☼ **Das Diashowmodul** in der Übersicht: **1.** *Vorlagenbrowser und Sammlungen* **2.** *Vorschaufenster* **3.** *Bedienfelder für Gestaltungs- und Abspieleinstellungen* **4.** *Abspielkontrollen und Texteingabe* **5.** *Filmstreifen*

Nehmen wir mal an, die *Mare* hat eine neue Fotoredakteurin und Sie gehen zu Ihrem Antrittsbesuch mit dem aktuellen Portfolio, der klassischen dicken Ledermappe mit Ihrem Namen in Prägedruck, unter dem Arm. Sieht sehr gut aus, ist aber ziemlich schwer und unhandlich. Lightroom lässt Sie in Windeseile eine professionelle Diashow zusammenstellen und diese als PDF oder Video exportieren. Das iPad ist ein perfektes Demonstrationsinstrument für ein Fotoportfolio. Wenn Sie besagte *Mare*-Fotoredakteurin dann zufällig bei Starbucks in der Schlange treffen, zeigen Sie ihr beim gemeinsamen Warten auf den Frappucino schnell die neuesten Bilder auf dem iPad und dann klappt das mit dem Job!

Wechseln Sie mit ⌘⌥-3 in das Modul oder klicken Sie einfach auf das Wort Diashow rechts oben im Interface. Diashow-Vorlagen sind eine bequeme Möglichkeit, Ihre Präsentation zu gestalten. Hier stellen Sie ein, ob die Dias Ränder haben, Schlagschatten oder Text mit einem Logo. Der Hintergrund kann farbig oder mit einem Bild gefüllt werden.

Bewegen Sie den Mauszeiger über einen Vorlagennamen, um eine Vorschau im linken Panel anzuzeigen.

Passen Sie die Einstellungen der Vorlagen mit den Bedienfeldern auf der rechten Seite des Moduls oder direkt im Vorschaufenster an und speichern Sie Ihre Änderungen dann als neue Vorlage unter den *Benutzervorlagen* ab.

DIASHOW

Das Modul

Die Vorschau zeigt das Layout einer Vorlage mit einer Miniaturvorschau an. Zeigen Sie mit dem Cursor für die Vorschau auf einen Vorlagennamen.

Die Optionen steuern das Zoomen des Bilds in den Rahmen (Hochformataufnahmen werden eingepasst), die Konturstärke und den Schlagschatten.

Im Vorlagenbrowser wählen Sie das Dialayout für Fotos aus.

Im Layout blenden Sie Hilfslinien ein und legen die Randabstände fest.

Die Sammlungen gewähren Zugriff auf die Bilder Ihres Katalogs, diese Funktion ist in allen Modulen gleich.

Die Überlagerungen bestimmen die Erkennungstafel, die Verwendung eines Wasserzeichens, das Einblenden der Bewertungssterne, Textüberlagerungen und deren Schatten.

Das Modul

Der Hintergund kann einen farbigen Verlauf oder ein Hintergrundbild zeigen.

Über den Titel blenden Sie optionale Start- und Endbildschirme ein.

In Abspielen bestimmen Sie einen Soundtrack für die Diashow, die Dialänge und die Reihenfolge.

Wählen Sie zuerst eine der vorformatierten Vorlagen aus dem Angebot des Vorlagenbrowsers aus und passen Sie diese an.

Im Erkennungstafel-Dialogfeld des Überlagerungen-Bedienfelds geben Sie Text ein und legen die Schriftarten, die Größen und Farben fest. Wenn Sie über ein eigenes Erschei-

nungsbild verfügen, können Sie auch eine vorbereitete Datei mit Ihrem Logo einsetzen, klicken Sie dafür einfach auf den Button für *Grafische Erkennungstafel verwenden*. Wählen Sie das Bild entweder im Finder aus oder fügen Sie es per Drag&Drop ein. Lightroom erwartet, dass diese Dateien eine Höhe von 57 Pixel nicht überschreiten. Positionieren Sie Ihre individualisierte Erkennungstafel frei auf dem Bild, sie wird durchgehend auf jedem Dia abgebildet.

DIASHOW

Überlagerungen

Doch damit nicht genug. Neben der Erkennungstafel können Sie auch Ihre Wasserzeichen und die Sternebewertung für das entsprechende Bild einblenden, mit und ohne Schlagschatten. Auch die Sterne sind frei im Bild positionierbar und lassen sich nach Wunsch einfärben.
Beim nächsten Punkt, *Textüberlagerung*, blenden Sie den Bildtitel ein. Verwenden Sie die Werkzeugleiste oberhalb des Filmstreifens zur Auswahl dieser Informationen. Schreiben Sie hierzu eigene Texte oder verwenden Sie die vorgefertigte Auswahl. Klicken Sie einfach die ABC-Taste, um diese Funktion zu aktivieren. Im Textüberlagerungsbedienfeld justieren Sie Parameter wie die Deckkraft des Textes, die Schriftart und Farbe.

Kommen wir zu den Hintergrundoptionen. Legen Sie Farbe und bei Bedarf einen Verlauf an oder Sie können auch ein anderes Foto aus der Sammlung als Hintergrund einsetzen. Ziehen Sie dafür das gewünschte Hintergrundmotiv aus dem Filmstreifen auf das Bedienfeld. Reduzieren Sie bei Bedarf die Deckkraft, um nicht zu sehr vom Hauptmotiv abzulenken.

Im nächsten Bedienfeld *Titel* fügen Sie Tafeln für Start und Ende der Präsentation ein. Dies können wieder Texte sein, die Sie in den Editor für Erkennungstafeln eingeben und in diesem formatieren, oder Sie greifen auf vorhandene Dateien zurück. Öffnen Sie diese über die Funktion Datei suchen des Editors. Wählen Sie eine Grafikdatei aus und klicken Sie OK. Skalieren Sie nun die Erkennungstafel mittels des Maßstab-Schiebereglers. Gehen Sie auf die gleiche Weise bei der Erkennungstafel des Endbildschirms vor.

Wählen Sie im folgenden Bedienfeld *Abspielen* einen Musiktitel aus Ihrer Sammlung aus, Lightroom akzeptiert Songs in den Dateiformaten .mp3, .m4a und .m4b zur Verwendung als Soundtrack. Auf dem Macintosh konnte bisher nur auf die iTunes-Abspiellisten zurückgegriffen werden. Legen Sie die Stand- und Überblenddauer der einzelnen Bilder mit den Schiebereglern für Dias und Verblassen fest oder nehmen Sie die Länge des Musikstücks als Grundlage. Klicken Sie auf An Musik anpassen und das Programm bestimmt die Einzelbild-Standlänge gemäß der Spieldauer des ausgewählten Musikstücks. Bestimmen Sie bei Bedarf über den Wert für Farbe einen Überblendfarbton abweichend von Schwarz, durch den die einzelnen Dias hindurchgefadet werden.

Mit Willkürliche Reihenfolge bestimmen Sie, ob die Bilder in der Reihenfolge des Filmstreifens oder zufällig gemischt abgespielt werden, mit Wiederholen lassen Sie die Diashow in einem Endlos-Loop ablaufen.

DIASHOW

Export

Exportieren Sie eine Diashow als PDF-Datei oder als Reihe von JPEGs. PDF-Diashow-Übergänge werden von Adobe Acrobat und dem Reader korrekt wiedergegeben. Exportierte PDF-Diashows enthalten allerdings keine Musik. Es können auch keine Bilder in zufälliger Reihenfolge oder mit der von Ihnen definierten Anzeigedauer wiedergegeben werden.

Klicken Sie den Schalter *PDF exportieren* am Boden des linken Panels an. Geben Sie im Dialogfeld einen Speicherort vor und legen Sie die Qualität der Bilder fest. Geben Sie Breite und Höhe des Zielbildschirms ein und klicken Sie auf Exportieren.

Klicken Sie auf den Schalter *Video exportieren,* um ja, Ihre Diashow als Video zu exportieren. Geben Sie im Dialogfeld eine Größe zwischen 320x240 und 1080p ein. Für mobile Endgeräte genügt die Auflösung 720x480. Klicken Sie Exportieren und Lightroom rendert den Film.

Übrigens erlaubt es Ihnen Lightroom, eine Diashow spontan in jedem Programm-Modul anzuspielen. Markieren Sie hierfür die betreffenden Bilder im Filmstreifen und wählen Sie im Menü *Fenster/Frei gestaltete Diashow*. Beim Abspielen greift Lightroom auf die aktuellen Einstellungen des Diashow-Moduls zurück.

Das Modul

Das Druckmodul in der Übersicht: **1.** Vorlagenbrowser und Sammlungen **2.** Vorschaufenster **3.** Bedienfelder für Layout- und Ausgabeeinstellungen **4.** Seitennavigation **5.** Filmstreifen

Wechseln Sie mit ⌘⌥-4 in das Modul oder klicken Sie einfach auf *Drucken* rechts oben in der Modulauswahl. Wählen Sie das zu druckende Foto im Filmstreifen aus und suchen Sie sich eine der Vorlagen aus dem Browser in der linken Bedienfeldleiste aus. Das funktioniert genauso wie beim Vorlagenbrowser, den Sie schon im Diashowmodul kennengelernt haben.

Das *Druckmodul* gibt Ihnen totale Kontrolle über das Layout Ihrer gedruckten Bilder. Über das Bedienfeld *Bildeinstellungen* legen Sie fest, wie die ausgewählten Fotos die Zellen auf dem Druckbogen ausfüllen, Sie können in die Bilder hineinzoomen oder ihnen eine farbige Kontur geben. Das Bedienfeld *Hilfslinien* unterstützt Sie bei der Positionierung der Bilder auf der Seite und mithilfe des *Überlagerungen*-Bedienfelds integrieren Sie Ihr Logo und aufnahmespezifische Informationen. Um Ihnen den Einstieg zu erleichtern, können Sie eine der Vorlagen aus dem Browser verwenden und diese gegebenenfalls anpassen. Das Druckmodul bietet Ihnen drei verschiede Arten von Vorlagen: *Einzelbild/Kontaktabzug*, *Bildpaket* und *Benutzerdefiniertes Paket*.

Verwenden Sie zum Beispiel die Vorlage 4x5 Kontaktbogen für Kontaktabzüge oder *Größe maximieren*, um das Bild so groß wie möglich auf dem ausgewählten Papierformat zu drucken. Die Bilder werden, um das Format voll auszunutzen, auch gedreht, es sei denn, Sie deaktivieren diese Option im Bedienfeld *Bildeinstellungen*.

DRUCKEN

Das Modul

Die Vorschau zeigt das Layout einer Vorlage mit einer Miniaturvorschau an. Zeigen Sie mit dem Cursor für die Vorschau auf einen Vorlagennamen.

Der Layoutstil ermöglicht die Wahl zwischen Einzelbild/Kontaktabzug, Bildpaket und Benutzerdefiniertem Paket.

Im Vorlagenbrowser wählen Sie das Layout für Ihren Druckbogen aus.

Das Layout legt bei Rasterlayouts die Ränder, Zeilen und Spalten sowie die Zellengröße fest.

Die Hilfslinien zeigen bei Rasterlayouts Lineale, Anschnitte, Ränder, Bildzellen und Abmessungen an.

Die Sammlungen gewähren Ihnen wie auch in den anderen Modulen Zugriff auf die Bilder des Katalogs.

Seite
Hier färben Sie den Seitenhintergrund, Sie blenden Ihre Erkennungstafel und Wasserzeichen ein und optional auch Seitenoptionen und eine Fotoinfo.

Druckauftrag
steuert die Druckauflösung, das Schärfen, und bietet Profilauswahl im Farbmanagement.

Zuerst möchten Sie sicherlich Ihren Drucker einrichten. Klicken Sie dazu auf den Druckeinstellungen-Knopf am unteren Rand des linken Panels und wählen Sie einen angeschlossenen Drucker aus der Liste aus.

Speichern Sie diese Einstellungen und rufen Sie mit dem Knopf daneben den Seite-einrichten-Dialog auf, um ein Papierformat auszuwählen.

DRUCKEN

Einzelbild/Kontaktabzug

**Einzelbild/
Kontaktabzug**
*2x2 Zellen, Zum
Füllen gezoomt und
ein Foto pro Seite
wiederholt.*

Die im Druckmodul enthaltenen Vorlagen beinhalten Layouts inklusive Textüberlagerungen und Druckauftragseinstellungen. Sie finden hier Vorlagen für viele Standardaufgaben. Außerdem werden Ihre eigenen Vorgaben im Bereich Benutzervorlagen gespeichert. Überall in Lightrooms modularer Struktur ist es also möglich, Einstellungen zu personalisieren und dann zur Wiederverwendung abzuspeichern.

**Einzelbild/
Kontaktabzug**
4x5 Kontaktbogen.

Die Vorlage Einzelbild/Kontaktabzug lässt Sie ein oder mehrere Bilder gleich groß in verschiedenen Zusammenstellungen drucken, wie zum Beispiel 2x2 Zellen, 4x5 Kontaktbogen oder 1 Groß mit Kontur.

**Einzelbild/
Kontaktabzug**
*1 Groß mit Kontur,
Zum Füllen gezoomt
und Kontur Breite
12 Punkt.*

147

Bildpaket

Mit der Vorlage Bildpaket drucken Sie ein einzelnes Bild in diversen Größen auf eine oder mehrere Seiten.

Bildpaket
7 x 5 Zentriert.

Bildpaket
7 x 5 mit angefügten Zellen 89x254 und einer zweiten Seite.

Justieren Sie Konturstärke und Zellengrößen mit den Bedienfeldern *Bildeinstellungen und Layout.*

Bildpaket
7 x 5 mit Fotorand und Kontur innen.

148

DRUCKEN

Benutzerdefiniertes Paket

Die dritte Option, Benutzerdefiniertes Paket, schließlich erlaubt es Ihnen, Ihre eigenen Layouts ohne Einschränkungen frei zu gestalten. Sie können was Sie wollen so oft Sie wollen positionieren, wo Sie möchten. Beginnen Sie einfach mit einer leeren Seite und füllen Sie sie mit Bildzellen, kopieren Sie diese per Drag&Drop mit Alt/Maustaste, skalieren Sie diese nach Lust und Laune und platzieren Sie Ihre Bilder dann hinein. Klicken Sie mit gehaltener Command-Taste in den Bildrahmen und ziehen Sie mit der Maus, um die Bilder im Rahmen zu verschieben. Eine großartige Neuerung in Lightroom 3.

Bildpaket anpassen

Um ein neues Bildpaket-Layout zu erstellen, klicken Sie zuerst im *Zellen*-Bedienfeld der *Layout-Engine* auf *Layout löschen*. Die nun leere Druckseite füllen Sie mit den Zellenbuttons.

Die Vorgaben reichen von 5 x 7,5 bis 13 x 18 cm. Wir wollen eine Zelle im klassischen Format 18 x 24 hinzufügen. Klicken Sie dann (in der Einheit Zentimeter) einen der Zellenbuttons an und wählen Sie *Bearbeiten...*

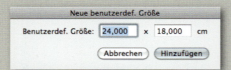

Geben Sie im Dialogfeld das Format ein. Die neu angelegte Zelle wird direkt auf dem Papier platziert und Sie können Sie dort mithilfe der Hilfslinien und des Rasters positionieren. Klicken Sie nun auf den Button *Neue Seite*. Neben dem ersten Blatt erscheint ein zweites, das Sie jetzt mit Bildzellen aus den Standardgrößen füllen können. Sollten Sie eine der hinzugefügten Seiten wieder entfernen wollen, klicken Sie einfach auf das rote X in der linken oberen Ecke des Blatts. Wenn Sie Safari auf dem iPhone benutzen, kennen Sie bestimmt die Seitenauswahl-Funktion, das Icon sieht in etwa aus wie der Seitenschließer und funktioniert auch genauso.

150

DRUCKEN

Seitenoptionen | Schnittmarken

Mit den Optionen im Bedienfeld *Seite* fügen Sie dem Bild bei Bedarf nützliche Extras hinzu. Hierzu gehören Schnittmarken, durchnummerierte Seitenzahlen und Seiteninformationen. Unter dem Punkt *Fotoinfo* können Sie außerdem Bildinformationen wie das verwendete Equipment oder das Aufnahmedatum anfügen.

Im Gegensatz zum *Bildpaket* hatte die *Einzelbild/Kontaktabzug*-Engine in Lightroom 2 nicht die Möglichkeit, das Bild mit Schnittmarken zu drucken. Dies erforderte Umwege wie die Verwendung einer farbigen Kontur zum Entlangschneiden. Glücklicherweise lassen sich jetzt aber in allen Layoutvorlagen Hilfslinien einsetzen.

151

Bestimmt haben Sie sich schon gefragt, was dieses 0° links neben dem Wort Erkennungstafel im *Seite*-Bedienfeld zu bedeuten hat. Oder auch nicht. Auf jeden Fall dient es zum Drehen der Tafel. In diesem Bild lässt sich die Zeile besser rotiert unterbringen. Klicken Sie auf das Gradzeichen und wählen Sie einfach die für Sie passende Drehung aus. Mein Favorit ist 90°.

Wenn Sie etwas fotografiert haben und so schnell wie möglich einen Kontaktbogen verschicken möchten, ist der PDF-Export eine praktische Lösung hierfür. Ich habe hierfür die Bilder im Filmstreifen markiert und diese im Druckmodul mit der *Vorlage 4 x 5 Kontaktbogen* formatiert. Dazu habe ich unter *Fotoinfo* den Dateinamen eingeblendet. Klicken Sie auf den *Drucken...*-Button und speichern Sie die Datei als PDF. Ab in die E-Mail, fertig!

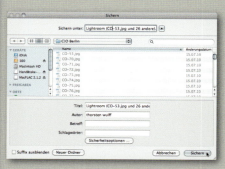

DRUCKEN

JPEG exportieren

Sie können Ihre Bilder direkt auf Ihrem Drucker ausgeben, aber diese auch mit dem *Druckauftrag*-Bedienfeld als JPEG speichern. Wechseln Sie dafür mit dem Popup-Menü *Ausgabe* von *Drucker* zu *JPEG-Datei*. Nun haben Sie die übliche Wahl, was die Qualität der Komprimierung betrifft. Ich würde auch hier den Wert 80 empfehlen, die Datei wird nicht zu groß und die Bildqualität bleibt sehr gut. Passen Sie hier die Dateigröße an und wechseln

→ Der Farbraum des Druckers fällt meist kleiner als der des Bilds aus, weswegen einige Farben möglicherweise nicht reproduziert werden können. Mit der von Ihnen ausgewählten Renderpriorität wird versucht, diese außerhalb des Farbumfangs liegenden Farben zu kompensieren.

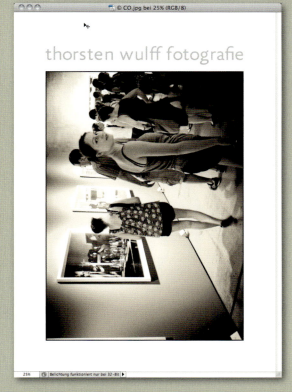

Sie im Farbmanagement bei Bedarf zwischen sRGB, Adobe RGB, und dem schon mehrfach im Buch erwähnten ProPhoto. Außerdem legen Sie hier die Renderpriorität zwischen *Perzeptiv* und *Relativ* (siehe Seite 149) fest.

☺ Das JPEG aus Lightroom, geöffnet in Photoshop

153

Druckauftrag

Im Bedienfeld *Druckauftrag* befinden sich Lightrooms umfangreiche Farbmanagementeinstellungen.

Druckauflösung

Die Einstellung *Druckauflösung* im Druckmodul zeigt die Druckauflösung des Fotos in ppi (Pixel pro Zoll) an. Lightroom berechnet die Bilddaten bei Bedarf neu, sollten Druckauflösung und Druckformat dies erforderlich machen. Der 240-ppi-Standard reicht für die allermeisten Druckjobs aus, dies schließt auch den FineArt-Bereich ein.

> → Wählen Sie die Option *Druckauflösung* und geben Sie hier bei Bedarf einen anderen Wert in Pixel pro Zoll (ppi) ein.
>
> → Um die ursprüngliche Auflösung des Fotos zu verwenden (sollte diese geringer als 72 ppi oder größer als 480 ppi sein), deaktivieren Sie einfach die Option *Druckauflösung*.

Fotos für den Druck scharfzeichnen

Die Option *Ausdruck schärfen* dient zum gezielten Scharfzeichnen des Fotos vor der Ausgabe mit einem Tintenstrahldrucker, angepasst an die Oberflächeneigenschaften des verwendeten Papiers. Sie wenden *Ausdruck schärfen* also zusätzlich zu den unter Umständen schon erfolgten Schärfeanpassungen im Entwickelnmodul an. Der automatische Wert der Scharfzeichnung berücksichtigt die Ausgabeauflösung des Fotos und das Ausgabemedium. *Ausdruck schärfen* ist nicht aktiv, sollten Sie *Drucken im Entwurfsmodus* aktiviert haben. In diesem Fall druckt Lightroom mit der Standard-JPEG-Vorschau des Bibliotheksmoduls.

> **Nehmen Sie bei Bedarf die folgenden Einstellungen im Bedienfeld Druckauftrag des Druckmoduls vor:**
>
> → Aktivieren Sie *Ausdruck schärfen* und wählen Sie, je nach Papier, im Popup-Menü auf der rechten Seite *Niedrig*, *Standard* oder *Hoch*. Legen Sie anschließend fest, ob Sie auf dem Medientyp *Matt* oder *Hochglanz* drucken. *Matt* umfasst Aquarellpapier, Leinwand und andere matte Papierarten. *Hochglanz* umfasst Glanz-, Halbglanz- und Fotopapier sowie andere Arten von glänzendem Papier. Übrigens wird anhand des im Druckauftragbedienfeld angegebenen Papiertyps der Betrag des Scharfzeichnens ermittelt. Manche Druckertreiber enthalten allerdings eine Papiertypoption im Dialogfeld *Drucken*, die separat angegeben werden kann.
>
> → Deaktivieren Sie *Ausdruck schärfen*, wenn Sie das Bild im Entwickelnmodul schon ausreichend geschärft haben. Sie haben also mit der Ausgabeschärfe beim Export drei unterschiedliche Schärfungsoptionen in Lightroom 3.0.

Schärfen im Entwickelnmodul

DRUCKEN

Farbmanagement

16-Bit-Farben
Wenn Sie mit Mac OS 10.6 Snow Leopard arbeiten, dann aktivieren Sie ruhig auch mal die nächste Checkbox, um die 16-Bit-Ausgabe auf einem dafür geeigneten Drucker zu aktivieren. Sollten Sie *16-Bit-Ausgabe* gewählt haben, obwohl Ihr Drucker diese Option nicht unterstützt, dauert das Drucken zwar etwas länger, aber keine Sorge, die Qualität des Bilds leidet nicht darunter.

Farbmanagement
Sie können bestimmen, ob das Farbmanagement beim Drucken von Lightroom oder dem Druckertreiber kontrolliert wird. Wenn Sie benutzerdefinierte Druckerfarbprofile für bestimmte Drucker- und Papierkombinationen verwenden werden, übernimmt Lightroom das Farbmanagement. Andernfalls fällt diese Aufgabe dem Drucker zu. Dies gilt auch für den Fall, dass Sie *Drucken im Entwurfsmodus* aktiviert haben.

ICC-Profile
Sollten Sie bei einem Papierhersteller, wie hier bei Hahnemühle, ein Profil für Ihren Drucker herunterladen, müssen Sie es an folgende Orte im System verschieben, damit die Druckdialoge der Programme darauf zugreifen können:
→ **Mac OS X:** *Macintosh HD/ User/Library/ColorSync/Profiles*
→ **Windows 2000, XP, Vista:** *C:\ windows\system32\spool\drivers\color*

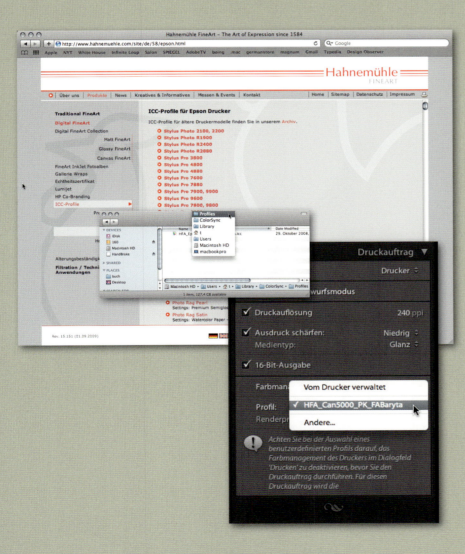

Nach einem Neustart ist das neue Profil unter *Farbmanagement* anwählbar. Bleiben nur noch die Einstellungen der Renderpriorität. *Perzeptiv* und *Relativ* lassen sich nicht durch eine Vorschau anzeigen. *Perzeptiv* überträgt alle Farben des Bilds in darstellbare Farben des Profilfarbraums, *Relativ* dagegen beschneidet Bildfarben, die sich nicht mit dem Profil zur Deckung bringen lassen. Aber eine Rose bleibt eine Rose.

C/O Berlin, *Berlin*
Lumix GF1 | 20 mm f2,8
1/400 Sek. | ISO 400

Das Modul

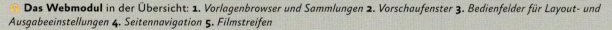

Das Webmodul in der Übersicht: **1.** *Vorlagenbrowser und Sammlungen* **2.** *Vorschaufenster* **3.** *Bedienfelder für Layout- und Ausgabeeinstellungen* **4.** *Seitennavigation* **5.** *Filmstreifen*

Steve Jobs mag kein Flash. Der Flash-Player geht ihm zu verschwenderisch mit Prozessorleistung und Akkuladung mobiler Geräte um und darf nicht aufs iPhone oder iPad. Es geht um nichts weniger als die Dominanz über das mobile Web und Apple möchte diese Dominanz mit seinen iOS-Produkten erobern. Adobe reagiert verschnupft. Aber woher kommt dieses Flash eigentlich? In grauer DTP-Vorzeit gab es neben Adobe noch eine andere Firma die ihr Geld mit Software für Designer und Fotografen verdiente, Aldus. In der Anfangsphase der digitalen PostScript-Revolution wurden Bücher und Magazine mit Aldus PageMaker layoutet. Aldus hatte auch noch die Grafiksoftware FreeHand im Angebot, die sich großer Beliebtheit erfreute und sich einen ständigen Wettlauf mit Adobe Illustrator lieferte. Macromedia aus Seattle kaufte FreeHand und später auch FutureWave Software und deren Web-Animationsprogramm Future Splash. Aus Splash wurde Flash. 2005 schließlich erwarb Adobe Macromedia und baut Flash seitdem in alles ein, was nicht bei drei auf einem Baum sitzt. Im gerade erschienenen Adobe CS5 ist Flash hervorragend integriert und Standard bei Videoinhalten im Web wie YouTube. Steve Jobs setzt allerdings auf HTML5 als die Zukunft des Webs. Wie bei jedem guten Drama, Fortsetzung folgt.

Wechseln Sie mit ⌘⌥-5 in das Modul oder klicken Sie einfach in der Modulauswahl auf *Web*. (Sie kehren übrigens stets mit ⌘⌥↑ zum zuletzt verwendeten Modul zurück.)

WEB

Das Modul

Die Vorschau zeigt das Layout einer Vorlage mit einer Miniaturvorschau an. Zeigen Sie mit dem Cursor für die Vorschau auf einen Vorlagennamen.

Im Vorlagenbrowser wählen Sie das Layout für Ihre Website aus.

Die Sammlungen gewähren Zugriff auf die Bilder Ihres Katalogs, wie aus den anderen Modulen vertraut.

Der Layoutstil ermöglicht die Wahl zwischen unterschiedlichen HTML- und flashbasierten Exportvorgaben.

Die Site-Informationen geben den Titel der Galerie, Titel und Beschreibung der Sammlung, Ihre Kontaktinformationen sowie den Web- oder E-Mail-Link an.

Die Farbpalette zeigt die Farben für Text, Webseitenhintergrund, Zellen, Rollover, Rasterlinien und Indexnummern an.

159

Das Modul

Das Erscheinungsbild gibt im Fall von HTML das Bildzellenlayout oder bei einer Flash-Vorlage das Seitenlayout vor. Fügen Sie hier die Erkennungstafel hinzu, die Sie auch im Web benutzen wollen. Außerdem fügen Sie hier Schlagschatten hinzu und definieren Abschnittsrahmen.

Die Ausgabeeinstellungen bestimmen die maximalen Pixelausmaße der Fotos und deren JPEG-Qualitätsstufe, hier wird das Copyright-Wasserzeichen eingefügt und der Schärfegrad ähnlich wie beim Drucken eingestellt.

Die Bildinformationen zeigen den mit den Vorschaubildern erscheinenden Text an.

Einstellungen für das Hochladen Laden Sie die fertige Fotogalerie zu Ihrem Server hoch und bestimmen Sie bei Bedarf einen Unterordner als Zielverzeichnis.

Filtern Sie in der Werkzeugleiste des Webmoduls die zu exportierenden Fotos, indem Sie auf *Verwenden* klicken und dann eine der Optionen *Alle Fotos des Filmstreifens, Ausgewählte Fotos* oder *Markierte Fotos* auswählen.

WEB

Einstellungen der HTML-Galerie

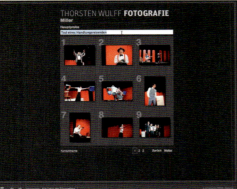
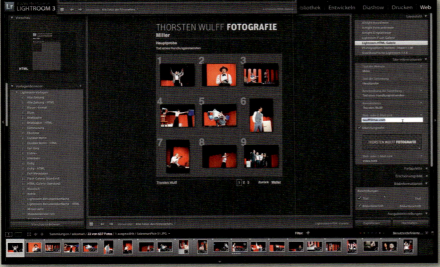

Bestimmen Sie eine Sammlung, um sie ins Netz zu stellen, und wählen Sie eine HTML- oder Flash-Webgalerie-Vorlage im Vorlagenbrowser aus. Rollen Sie über die Vorlagen, um eine Vorschau der Galerieformate anzuzeigen. Wenn Sie sich für eine der Vorlagen entschieden haben, markieren Sie sie mit einem Mausklick. Lightroom wendet die Vorlage direkt auf die Bilder Ihrer Sammlung an und generiert die Webgalerie. Ich werde im Beispiel die dunkelgraue HTML-Vorlage Kohle verwenden. Im nächsten Schritt geben wir die Site-Informationen ein. Die Bilder stammen aus Arthur Millers *Tod eines Handlungsreisenden*, also nennen wir die Site einfach Miller. Als Titel der Sammlung gebe ich Hauptprobe ein. Bestätigen Sie jede Textänderung mit der Eingabetaste, sie wird dann direkt in die Vorschau übertragen. Als Beschreibung der Sammlung füge ich den Titel des Stücks ein. Weiter geht es mit den Kontaktdaten. Geben Sie hier einen Namen ein und ersetzen Sie *mailto:benutzer@ domaene* durch eine passende E-Mail-Adresse. Als Nächstes fügen Sie die Erkennungstafel ein, sie erscheint am Kopf der Seite und verläuft über die gesamte Seitenbreite. Die Tafel hat ihren eigenen Web- oder E-Mail-Link. Hier ist *index.html* die Standardvorgabe. Diesen Link können Sie jederzeit der Verzeichnisstruktur Ihrer Seite anpassen. Klicken Sie auf *Vorschau,* um die Seite im Browser zu testen.

Wenden wir uns jetzt der *Farbpalette* zu. Hier lassen sich die Farben für Text, Hintergrund, Rollover und Rasterlinien, die Bildzellen und die Zahlen verändern. Beachten Sie, dass vorgenommene Änderungen auch direkt in das Vorschaufeld auf der linken Bildschirmseite übernommen werden.

Das Bedienfeld *Erscheinungsbild* fügt Bildern Schlagschatten hinzu und hier verstellen Sie die Farbe des Abschnittsrahmens, welchen Sie hier auch deaktivieren können. Interessant ist der nächste Punkt, das Justieren der Rasterseiten. Klicken Sie mit der Maus auf die Rasterminiatur,

um die Anzahl der Zellen und deren Position zu verändern. Vervielfachen Sie bei Bedarf die Bildanzahl. Jetzt können Sie noch die Anzeige der Bildnummerierung in den Zellen abstellen und auch den manchmal von den Bildern ablenkenden Fotorahmen ausblenden.

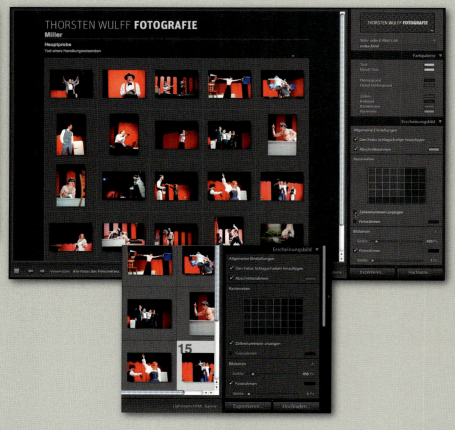

WEB

Einstellungen der HTML-Galerie

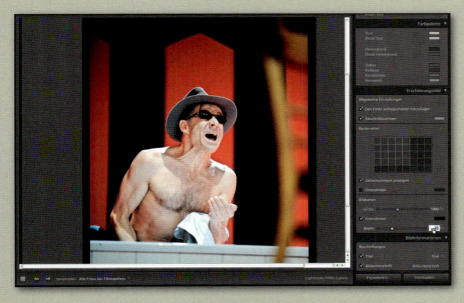

Mit dem Unterpunkt *Bildseiten* stellen Sie die Größe der Bilder ein, ausgehend vom Minimalwert 300 Pixel in der Höhe bzw. Breite. Ich erhöhe diesen Wert auf 1000 Pixel und verstärke den schwarzen Bildrahmen wegen des intensiven Rot-Tons im Hintergrund der Bilder auf 23 Pixel. Das müssen Sie nicht machen, es ist nur ein Beispiel!

Im Bedienfeld *Bildinformationen* lassen sich den Bildern Informationen anfügen. Unter *Titel* können Sie zum Beispiel den Dateinamen einblenden und unter dem Bild die Belichtungsinformationen.

Kommen wir zum Bedienfeld *Ausgabeeinstellungen.* Hier geben Sie die Qualität der Bildkomprimierung vor, welche Metadaten das Bild enthalten soll und ob ein Copyright-Wasserzeichen eingeblendet wird. Mich stört es, wenn in jedem Bild mein Name zu sehen ist, daher verzichte ich auf ein Wasserzeichen. Als Nächstes geht es wieder ans Schärfen. Standard ist für die meisten Motive vollkommen ausreichend. Sollten Sie diese Einstellungen regelmäßig verwenden wollen, können Sie sie durch einen Klick auf das Pluszeichen in der Titelleiste des Vorlagenbrowsers als Benutzervorlage abspeichern.

Laden Sie jetzt Ihre Galerie hoch. Benutzen Sie die Einstellungen des Bedienfelds *Hochladen,* um die Adresse Ihres Servers und Ihr Passwort einzugeben. Klicken Sie dafür unter FTP-Server auf *Bearbeiten.*

Nehmen Sie die nötigen Einstellungen im *FTP-Dateitransfer-Dialog* vor. Sie können bei Bedarf den Inhalt Ihres Servers mit der Durchsuchen-Taste der Option *Serverpfad* überprüfen. Klicken Sie OK, um die Einstellungen zu speichern. Wenn Sie jetzt auf Hochladen klicken, müssen Sie nochmals das Server-Passwort eingeben (es sei denn, Sie haben Ihre Einstellungen gleich als neue Vorgabe gespeichert), dann schickt Lightroom Ihre Daten auf den Server, in diesem Fall in ein Unterverzeichnis namens *Loman.* Wenn Sie also jetzt *thorstenwulff.com/Loman/index.html* in Ihrem Browser anwählen, öffnet sich die Startseite der eben hochgeladenen Galerie. Sie haben außerdem die Möglichkeit, die Seite in einen Ordner zu exportieren und zu einem späteren Zeitpunkt mit Ihrem Lieblings-FTP-Programm hochzuladen. Mehr dazu auf Seite 172.

WEB

Einstellungen der Flash-Galerie

Wie eingangs erwähnt gibt es ein kleines Problem mit Apple und Flash, trotzdem werfen wir jetzt einen Blick auf die Flash-Galerien von Lightroom. Wählen Sie in der *Engine* die Flash-Galerie und bearbeiten Sie die Optionen wie vorher schon im Beispiel der HTML-Galerie. Verstellen Sie im Fall der Flash-Galerie die Größe der Vorschaubilder und die der Großbilder im Popup-Menü *Erscheinungsbild* von *Sehr groß* über *Groß*, *Mittel* und *Klein*. Sie können die Flash-Galerie genauso wie die

HTML-Galerie über die FTP-Server-Funktion hochladen, die benutzerdefinierten Einstellungen bleiben erhalten. Da der Ordner *Loman* ja schon auf dem Server vorhanden ist, habe ich den Unterordner *LomanFlash* genannt, um die Html-Galerie beim Upload nicht zu überschreiben. Klicken Sie auf *Hochladen* oder *Exportieren*, fertig.

165

Der Airtight AutoViewer

Wechseln Sie im Bedienfeld *Engine* zu den drei Airtight-Viewer-Flash-Vorlagen. Diese sind nicht im Vorlagenbrowser verfügbar. Wählen Sie zwischen AutoViewer, Postcard-Viewer und SimpleViewer. Klicken Sie auf AutoViewer, um diese Galerie zu aktivieren. Ihr erstes Bild ist zentral eingeblendet, vom zweiten sieht man schon den linken Rand an der Bildschirmkante und zentral unter dem Foto ist ein Abspielbutton eingeblendet. Wenn Sie diesen anklicken, beginnt die Show zu laufen, der Play- wird zum Pausebutton und am rechten und linken Bildrand erscheinen Richtungspfeile zur Navigation. Geben Sie wiederum den *Titel der Website* in den Site-Infomationen ein. Justieren Sie im nächsten Schritt erst die *Farbpalette*, unter *Bühnenoptionen* die Stärke des Bildrahmens und mit *Füllung* die Distanz zwischen den Bildern in Pixeln. Geben Sie dann eine Verweildauer für die Einzelbilder im Showablauf ein. Stellen Sie nun, wenn Sie mögen, unter *Bildbeschriftungen* die einzublendende Information wie Belichtungszeit und Blende oder Dateiname ein. Justieren Sie die Bildgröße und -qualität unter *Ausgabeeinstellungen* und laden Sie die Galerie zum Server hoch oder exportieren Sie sie auf Ihre Festplatte.

Der Airtight PostcardViewer

Wechseln Sie im Bedienfeld *Engine* zum Airtight PostcardViewer. Die Bilder Ihrer Sammlungen fallen wie Herbstlaub vom Himmel und sortieren sich zu einem lockeren 3 x 3 Raster. Klicken Sie auf eine der Postkarten, um sie zu vergrößern, und noch mal, um auszuzoomen. Geben Sie auch hier den *Titel der Website* in den Site-Informationen an und verändern Sie nach Bedarf die Hintergrundfarbe mit der *Farbpalette*.

Im *Erscheinungsbild* unter *Postkarten* legen Sie die Anzahl der Spalten, die Stärke des Fotorahmens und mit *Füllung* die Distanz zwischen den Bildern fest. Legen Sie mit *Zoomfaktoren* die Werte für *Fern* und *Nah* fest, also die aus- und eingezoomte Größe der Postkarten. Sollten Sie nicht so viele Bilder in der Sammlung zeigen, erhöhen Sie hier den *Fern*-Wert, um die Fläche besser auszunutzen. Es folgen die optionalen *Bildbeschriftungen*, gefolgt von den *Ausgabeeinstellungen*. Legen Sie hier Größe und Qualität der Bilder fest. (Sie können diese JPEGs später immer noch im Exportordner bearbeiten, sollten diese zu groß geraten sein, zum Beispiel mit Russell Browns auf Seite 136 erwähntem famosen Bildprozessor in Photoshop.) Das war es schon. Überprüfen Sie die Galerie mit einem Klick auf *Vorschau* ... und schicken Sie sie zum Server.

Der Airtight SimpleViewer

Der SimpleViewer ist der dritte und letzte im Bunde der Airtight-Produkte. Ihre Bilder werden als quadratische Miniaturen in einem aufgeräumten 3 x 3 Raster repräsentiert, ein großer Pfeil zeigt an, dass noch mehr Fotos vorhanden sind, und das ausgewählte Motiv nimmt den rechten Galeriebereich ein. Auch den eleganten SimpleViewer können Sie mit der rechten Bedienfeldleiste individuell anpassen. Geben Sie auch dieser Website in den *Site-Informationen* einen Namen. Diese intelligenten Eingabefelder merken sich frühere Titel. Diese lassen sich im Popup-Menü auswählen, indem Sie den kleinen Pfeil anklicken. Passen Sie Hintergrund-, Rand- und Textkolorierung in der *Farbpalette* an. Im *Erscheinungsbild* können Sie unter *Bühnenoptionen* die Position der Seitenelemente zwischen Oben, Unten, Links und Rechts vertauschen und die Anzahl der Reihen und Spalten zwischen Null und 20 anpassen. 3 x 3 ist aber in den meisten Fällen eine gute Lösung. Es folgen die optionalen Bildbeschriftungen. Entscheiden Sie danach in den *Ausgabeeinstellungen* über Größe und Qualität der Bilder, Fotorahmen und Füllungsumfang und erlauben Sie, wenn Ihnen danach sein sollte, das Öffnen der Fotos per Rechtsklick. Geben Sie dem Unterverzeichnis einen Namen in den inzwischen obligatorischen Servereinstellungen und laden Sie die Seite auf den Server. Beachten Sie bei den URLs Groß- und Kleinschreibung.

WEB

SlideShowPro

▸ Todd Dominey hat im Juli 2010 ein zu iOS-Produkten, wie iPad und iPhone, kompatibles Beta für SlideShowPro Mobile angekündigt. Weitere Informationen zum Thema finden Sie unter: http://slideshowpro.net/news/archive/2010/07/announcing-slideshowpro-mobile.php/

Sie sind jedoch nicht nur auf die mit Lightroom ausgelieferten Webgalerien beschränkt, auf Seiten wie LRG (lightroomgalleries.com) lassen sich kostenlose Templates herunterladen. Eines der besten professionellen Angebote ist *SlideShowPro* (slideshow-pro.net). SSP kostet in der aktuellen Version (1.4.9.4) 35 Dollar, also in etwa 27 Euro. Nach der Installation finden Sie SSP in Lightrooms *Engine*-Bedienfeld und im Gegensatz zu den Airtight-Viewern auch im Vorlagenbrowser. Dort können Sie zwischen vier Vorlagengruppen wählen, *Floating-Gray*, *Floating-Light*, *Wet-Floor-Dark* und *Wet-Floor-Light*. Innerhalb dieser vier Gruppen wählen Sie dann zwischen Hoch- und Querformaten und verschiedenen Bildschirmauflösungen. Der nasse Boden entspricht dabei dem von OS X bekannten Reflektionseffekt. Ich habe in diesem Beispiel das querformatige Preset 3:2 Landscape (720x480) aus der Gruppe *Wet-Floor-Dark* ausgewählt. Wie bei den Airtight-Viewern haben Sie nun die Möglichkeit, die Galerie in der rechten Bedienfeldleiste anzupassen, nur sind die Optionen für SSP wesentlich umfangreicher. Es beginnt harmlos, mit den *Site-Informationen*. Wie gehabt geben Sie Ihrer Galerie hier einen Titel und eine Beschreibung. Die Albumbeschreibungen überspringen wir. Legen Sie danach in der *Farbpalette* den Farbwert für den HTML-Hintergrund fest.

SlideShowPro

Unter *Erscheinungsbild* stellen Sie Größe und Ansichtsoptionen der Bildvorschau ein und sämtliche Interfacefarben. Der folgende Screenshot gibt einen guten Überblick über den Umfang der Einstellmöglichkeiten. Letztendlich gibt es nichts in SSP, was sich nicht verstellen lässt. Unter *Captions* versehen Sie die Bilder Ihrer Galerie mit individuellen Bildunterschriften und bestimmen deren Aussehen und Erscheinungsweise. SSP ist so umfangreich, dass es eigentlich ein eigenes kleines Programm ist. Ich überspringe jetzt mal ein paar Bedienfelder und gehe weiter zum Punkt *Typografie*. Bestimmen Sie hier die Schriftart für

Titel und Captions werden aus den Metadaten generiert.

das Interface, in der Vorlage ist dies die Lucida. Sie können es aber auch machen, wie IKEA es zum Entsetzen vieler Typophiler getan hat, und auf Verdana wechseln. Oder lieber nicht. Im nächsten Feld können Sie die Erscheinungsweise des Spiegelbodens beeinflussen. Geben Sie in den Bildinformationen die einzublendenden

Inhalte vor. Sollten Sie in den Metadaten der Bibliothek Bezeichnung und Bildbeschreibung vorgegeben haben, werden diese für Bildtitel und -unterschrift herangezogen.

170

WEB

SlideShowPro

Im Bedienfeld *Ausgabeeinstellungen* stellen Sie Breite und Höhe der Galerie im Browserfenster ein, legen die Bildqualität und Formate fest, steuern die Abspielfunktionen und können auch Musik über die URL einer MP3-Datei anfügen. Schließlich kommen wir zu den wohlbekannten *Einstellungen für das Hochladen*. Klicken Sie auf *Export*. Ich speichere die Galerie als NYC_SSP im Finder. Jetzt werden wir die Daten per FTP-Programm auf den Server hochladen. Hierfür können Sie zum Beispiel Transmit von Panic, inc. oder Cyberduck von David Kocher verwenden. Ich starte Cyberduck, wähle mich in meinen Server ein und lade dann die Galerie hoch. Danach ist diese unter *thorstenwulff.com/NYC_SSP/index.html* abrufbar.

SlideShowPro
im Fullscreen-Modus

171

Mail | Dreamweaver

Wenn Sie einen Server zum Hochladen der Bilder haben, befindet sich dort wahrscheinlich auch eine Website. Sonst versenden Sie die Adresse Ihrer neuen Webgalerie per E-Mail. Drücken Sie in *Leopard* hierzu (bei geöffneter Seite in *Safari*) ⌘⇧-I, um in *Mail* ein neues Dokument mit dem automatisch angefügten Link zu öffnen. Sie müssen nur noch die Adresse des Empfängers einsetzen. Drücken Sie ⌘-I, um den gesamten Inhalt des Browserfensters in eine E-Mail zu übertragen. Natürlich können Sie die Adresse auch twittern oder auf Ihrer Facebook-Seite verlinken. Für den Fall, dass Sie eine Homepage auf Ihrem Server haben, werfen wir einen kurzen Blick zu *Dreamweaver CS5*, um dort einen Link zu platzieren.

Öffnen Sie Ihre Homepage in Dreamweaver, in den meisten Fällen sollte ihr Name *index.html* sein. Platzieren Sie den neuen Link an einer geeigneten Stelle, im Beispiel nehme ich dafür eine über CSS positionierte Box. Tippen Sie den Text ein, markieren Sie ihn und fügen Sie die komplette URL in der Eigenschaftenpalette ein. Drücken Sie die Eingabetaste und speichern Sie die Seite. Jetzt bleibt nur noch, diese per FTP hochzuladen und die alte Version von *index.html* zu überschreiben.

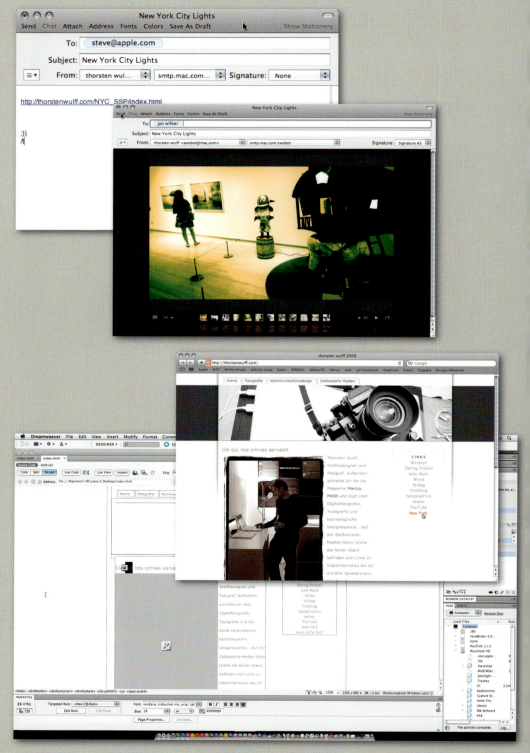

One More Thing

Nachdem GPS-Empfänger in Point-and-Shoot Kameras wie der Nikon P6000 oder Samsungs CL65 Einzug hielten, ist es nur eine Frage der Zeit, bis dieses Feature in DSLRs zum Standard wird. Bis dahin helfen GPS-Adapter wie der *Dawntech Pro Logger*. Der GPS-Empfänger wird im Blitzschuh Ihrer Kamera befestigt, für die Verbindung zur Kameraelektronik sorgt ein handliches Kabel. Die Daten werden direkt bei der Aufnahme in die Bilddatei geschrieben.

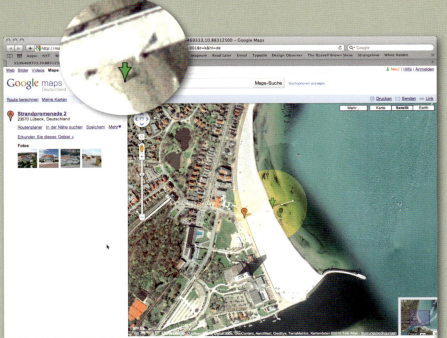

Scrollen Sie im Metadatenpanel in der rechten Bedienfeldleiste bis zum Bereich der EXIF-Daten, um die GPS-Daten in Lightrooms Bibliotheksmodul zu nutzen. Hier finden Sie unter GPS die Koordinaten für Länge und Breite Ihrer Aufnahme.
Wenn Sie nun auf den nach rechts weisenden Pfeil klicken, überträgt Lightroom diese Information über Ihren Webbrowser an Google Maps und ein neues Kartenfenster mit der Aufnahmeposition Ihres Fotos wird geöffnet. Der Steg am Strand in Travemünde befindet sich also auf Position +53° 57′52″N, +10° 52′59E″. Sehr praktisch.

C/O Berlin, *Berlin*
Lumix GF1 | 20 mm ƒ1,8
1/25 Sek. | ISO 400

Bedienfelder

Sie mussten das ganze Buch hindurch meine kryptischen Anweisungen in Mac-Tastatursymbolen ertragen. Zur Belohnung folgt hier die fast komplette Auflistung der Befehle für beide Betriebssysteme – links die Funktionserklärung, gefolgt vom Windows-Tastaturbefehl, rechts dann die Kürzel für Mac OS X. Sie finden auf jeder linken Seite neben der Pagina eine Legende mit Übersetzung der Mac-Tastatursymbole aus dem Fließtext.

Die Bedienfelder

Funktion	Windows	Mac OS X
Seitenbedienfelder ein-/ausblenden	Tabulatortaste	Tabulatortaste
Alle Bedienfelder ein-/ausblenden	Umschalttaste + Tabulatortaste	Umschalttaste + Tabulatortaste
Werkzeugleiste ein-/ausblenden	T	T
Modulauswahl ein-/ausblenden	F5	F5
Filmstreifen ein-/ausblenden	F6	F6
Bedienfelder links ein-/ausblenden	F7	F7
Bedienfelder rechts ein-/ausblenden	F8	F8
Solomodus umschalten	Alt + Klicken auf Bedienfeld	Wahltaste + Klicken auf Bedienfeld
Neues Bedienfeld öffnen, ohne einzelnes Bedienfeld zu schließen	Umschalttaste + Klicken auf Bedienfeld	Umschalttaste + Klicken auf Bedienfeld
Alle Bedienfelder öffnen/schließen	Strg + Klicken auf ein Bedienfeld	Befehlstaste + Klicken auf ein Bedienfeld
Navigator oder Vorschaufenster öffnen/schließen	Strg + Umschalttaste + 0 (obere Zahlenreihe)	Befehlstaste + Ctrl + 0
Bedienfelder links unter Navigator oder Vorschaufenster öffnen/schließen (von oben nach unten)	Strg + Umschalttaste + 1-3 (obere Zahlenreihe)	Befehlstaste + Ctrl + 1-3
Histogramm öffnen/schließen	Strg + 0	Befehlstaste + 0
Bedienfelder rechts öffnen/schließen (von oben nach unten)	Strg + 1-7	Befehlstaste + 1-7

KURZBEFEHLE

Modulnavigation | Ansicht

Modulnavigation

Funktion	Windows	Mac OS X
Zum Bibliothekmodul wechseln	Strg + Alt + 1	Befehlstaste + Wahltaste + 1
Zum Entwickelnmodul wechseln	Strg + Alt + 2	Befehlstaste + Wahltaste + 2
Zum Diashow-Modul wechseln	Strg + Alt + 3	Befehlstaste + Wahltaste + 3
Zum Druckmodul wechseln	Strg + Alt + 4	Befehlstaste + Wahltaste + 4
Zum Web-Modul wechseln	Strg + Alt + 5	Befehlstaste + Wahltaste + 5
Zum vorherigen Modul wechseln	Strg + Alt + Nach-oben-Taste	Befehlstaste + Wahltaste + Nach-oben-Taste

Verändern der Ansichten und Ansichtsmodi

Funktion	Windows	Mac OS X
Lupenansicht *Bibliothek* öffnen	E	E
Rasteransicht *Bibliothek* öffnen	G	G
Vergleichsansicht *Bibliothek* öffnen	C	C
Ausgewähltes Foto im Entwickelnmodul öffnen	D	D
Modi für ausgeschaltete Beleuchtung durchlaufen	L	L
Modus für gedämpftes Licht umschalten	Strg + Umschalt + L	Befehlstaste + Umschalt + L
Bildschirmmodi durchlaufen	F	F
Zwischen normaler und Vollbild-Ansicht wechseln, Bedienfelder ausblenden	Strg + Umschalt + F	Befehlstaste + Umschalt + F
Zum normalen Ansichtsmodus wechseln	Strg + Alt + F	Befehlstaste + Wahltaste + F

Foto- und Katalogverwaltung

Funktion	Windows	Mac OS X
Fotos von Datenträger importieren	Strg + Umschalt + I	Befehlstaste + Umschalt + I
Katalog öffnen	Strg + O	Befehlstaste + O
Voreinstellungen öffnen	Strg + U	Befehlstaste + U
Katalogeinstellungen öffnen	Strg + Alt + , (Komma)	Befehlstaste + Wahltaste + , (Komma)
Neuer Ordner in Bibliothek	Strg + Umschalt + N	Befehlstaste + Umschalt + N
Virtuelle Kopie erstellen (nur Bibliothek- und Entwickelnmodul)	Strg + T	Befehlstaste + T
Im Explorer/Finder anzeigen (nur Bibliothek- und Entwickelnmodul)	Strg + R	Befehlstaste + R
Zum nächsten/vorherigen Foto im Filmstreifen wechseln	Nach-rechts-Taste/Nach-links-Taste	Nach-rechts-Taste/Nach-links-Taste
Mehrere Ordner oder Sammlungen auswählen (Bibliothek-, Diashow-, Druck- und Web-Module)	Umschalt + Klicken oder Strg + Klicken	Umschalt + Klicken oder Befehlstaste + Klicken
Foto umbenennen (nur Bibliothekmodul)	F2	F2
Ausgewählte(s) Foto(s) löschen	Rücktaste oder Entfernen	Löschen
Ausgewählte(s) Foto(s) aus Katalog entfernen	Alt + Rücktaste	Wahltaste + Löschen
Ausgewählte(s) Foto(s) löschen und in Papierkorb verschieben	Strg + Alt + Umschalt + Rücktaste	Befehlstaste + Wahltaste + Umschalt + Löschen
Abgelehnte(s) Foto(s) löschen	Strg + Rücktaste	Befehlstaste + Löschen
In Photoshop bearbeiten	Strg + E	Befehlstaste + E
In anderem Editor öffnen	Strg + Alt + E	Befehlstaste + Wahltaste + E
Ausgewählte(s) Foto(s) exportieren	Strg + Umschalt + E	Befehlstaste + Umschalt + E
Mit vorherigen Einstellungen exportieren	Strg + Alt + Umschalt + E	Befehlstaste + Wahltaste + Umschalt + E
Zusatzmodulmanager öffnen	Strg + Alt + Umschalt + , (Komma)	Befehlstaste + Wahltaste + Umschalt + , (Komma)
Ausgewähltes Foto drucken	Strg + P	Befehlstaste + P
Dialogfeld „Seite einrichten" öffnen	Strg + Umschalt + P	Befehlstaste + Umschalt + P

Mac OS X   Befehlstaste=⌘   Wahltaste=⌥   Umschalttaste=⇧

KURZBEFEHLE

Stichwörter | Sammlungen

Stichwörter und Metadaten in der Bibliothek

Zweck	Windows	Mac OS
Zum Feld zum Hinzufügen von Stichwörtern im Stichwörter-festlegen-Bedienfeld wechseln	Strg-Taste + K	Befehlstaste + K
Stichwortkürzel festlegen	Strg + Alt + Umschalt + K	Befehlstaste + Wahltaste + Umschalt + K
Stichwortkürzel zu ausgewähltem Foto hinzufügen/von ausgewähltem Foto entfernen	Umschalt + K	Umschalt + K
Malen aktivieren	Strg + Alt + K	Befehlstaste + Wahltaste + K
Stichwort aus einem Stichwortsatz einem ausgewählten Foto hinzufügen	Alt + 1-9	Wahltaste + 1-9
Stichwortsätze durchlaufen	Alt + 0	Wahltaste + 0
Metadaten kopieren/einfügen	Strg + Alt + Umschalt + C Strg + Alt + Umschalt + V	Befehlstaste + Wahltaste + Umschalt + C Befehlstaste + Wahltaste + Umschalt + V
Metadaten in Datei speichern	Strg + S	Befehlstaste + S
Dialogfeld „Rechtschreibung" öffnen		Befehlstaste + :
Rechtschreibprüfung		Befehlstaste + ;
Zeichenpalette öffnen		Befehlstaste + Wahltaste + T

Sammlungen

Zweck	Windows	Mac OS
Neue Sammlung	Strg + N	Befehlstaste + N
Zur Schnellsammlung hinzufügen	B	B
Schnellsammlung anzeigen	Strg + B	Befehlstaste + B
Schnellsammlung speichern	Strg + Alt + B	Befehlstaste + Wahltaste + B
Schnellsammlung löschen	Strg + Umschalt + B	Befehlstaste + Umschalt + B
Als Zielsammlung festlegen	Strg + Alt + Umschalt + B	Befehlstaste + Wahltaste + Umschalt + B

Bildauswahl in der Bibliothek

Funktion	Windows	Mac OS X
Zur Lupenansicht wechseln	E oder Eingabetaste	E oder Zeilenschalter
Zur Rasteransicht wechseln	G oder Esc	G oder Esc
Zur Vergleichsansicht wechseln	C	C
Zur Überprüfungsansicht wechseln	N	N
Von Raster- zur Lupenansicht wechseln	Leertaste oder Z	Leertaste oder Z
Auswahl und Kandidatenfotos in der Vergleichsansicht austauschen	Nach-unten-Taste	Nach-unten-Taste
Nächste Fotos in der Vergleichsansicht auswählen und als Kandidat festlegen	Nach-oben-Taste	Nach-oben-Taste
Zwischen Lupen- und Zoomansicht umschalten	Leertaste oder Z	Leertaste oder Z
In Lupenansicht einzoomen/auszoomen	Strg + #/Strg + -	Befehlstaste + #/Befehlstaste + -
Gezoomtes Foto in der Lupenansicht nach oben/unten durchlaufen (auch in Entwicklungs- und Web-Modulen)	Seite nach oben/Seite nach unten auf voller Tastatur	Seite nach oben/Seite nach unten auf voller Tastatur
Frei gestaltete Diashow abspielen	Strg + Eingabetaste	Befehlstaste + Zeilenschalter
Foto nach rechts drehen (im Uhrzeigersinn)	Strg + . (Punkt)	Befehlstaste + . (Punkt)
Foto nach links drehen (gegen den Uhrzeigersinn)	Strg + , (Komma)	Befehlstaste + , (Komma)
Rasterminiatur vergrößern/verkleinern	#/-	#/-
Rasterminiaturen nach oben/unten durchlaufen	Seite nach oben/Seite nach unten auf voller Tastatur	Seite nach oben/Seite nach unten auf voller Tastatur
Zellenoptionen umschalten	Strg + Umschalt + H	Befehlstaste + Umschalt + H
Kennzeichen ein-/ausblenden	Strg + Alt + Umschalt +H	Befehlstaste + Wahltaste + Umschalt + H
Rasteransichten durchlaufen	J	J

KURZBEFEHLE

Bibliothek

Funktion	Windows	Mac OS X
Bibliotheksansichtsoptionen öffnen	Strg + J	Befehlstaste + J
Mehrere separate Fotos auswählen	Strg + Klicken	Befehlstaste + Klicken
Mehrere zusammenhängende Fotos auswählen	Klicken bei gedrückter Umschalttaste	Klicken bei gedrückter Umschalttaste
Alle Fotos auswählen	Strg + A	Befehlstaste + A
Auswahl aller Fotos aufheben	Strg + D	Befehlstaste + D
Nur aktives Foto auswählen	Strg + Umschalt + D	Befehlstaste + Umschalt + D
Auswahl von aktivem Foto aufheben	<	<
Vorheriges/Nächstes Foto zur Auswahl hinzufügen	Umschalt + Nach-links-Taste/ Nach-rechts-Taste	Umschalt + Nach-links-Taste/ Nach-rechts-Taste
Markierte Fotos auswählen	Strg + Alt + A	Befehlstaste + Wahltaste + A
Auswahl nicht markierter Fotos aufheben	Strg + Alt + Umschalt + D	Befehlstaste + Wahltaste + Umschalt + D
In Stapel gruppieren	Strg + G	Befehlstaste + G
Stapel aufheben	Strg + Umschalt + G	Befehlstaste + Umschalt + G
Stapel wechseln	S	S
An Stapelanfang verschieben	Umschalt + S	Umschalt + S
Im Stapel nach oben verschieben	Umschalt + , (Komma)	Umschalt + , (Komma)
Im Stapel nach unten verschieben	Umschalt + . (Punkt)	Umschalt + . (Punkt)

Auszeichnen und Filtern von Fotos

Funktion	Windows	Mac OS
Sternbewertung festlegen	1-5	1-5
Sternbewertung festlegen und zum nächsten Foto wechseln	Umschalt + 1-5 (obere Zahlenreihe)	Umschalt + 1-5
Sternbewertung entfernen	0 (Null)	0 (Null)
Bewertung um 1 Stern erhöhen/verringern	. (Punkt) / , (Komma)	. (Punkt) / , (Komma)
Rote Beschriftung zuweisen	6	6
Gelbe Beschriftung zuweisen	7	7
Grüne Beschriftung zuweisen	8	8
Blaue Beschriftung zuweisen	9	9
Farbbeschriftung zuweisen und zum nächsten Foto wechseln	Umschalt + 6-9 (obere Zahlenreihe)	Umschalt + 6-9
Foto als markiert kennzeichnen	H	H
Foto als markiert kennzeichnen und zum nächsten Foto wechseln	Umschalt + P	Umschalt + P
Foto als abgelehnt kennzeichnen	X	X
Foto als abgelehnt kennzeichnen und zum nächsten Foto wechseln	Umschalt + X	Umschalt + X
Markierung des Fotos aufheben	U	U
Markierung des Fotos aufheben und zum nächsten Foto wechseln	Umschalt + U	Umschalt + U
Markierungsstatus erhöhen/verringern	Strg + Nach-oben-Taste/ Strg + Nach-unten-Taste	Befehlstaste + Nach-oben-Taste/ Befehlstaste + Nach-unten-Taste
Bibliotheksfilterleiste ein-/ausblenden	M	M
Mehrere Filter in der Filterleiste öffnen	Umschalt + Klicken auf Filterbeschriftungen	Umschalt + Klicken auf Filterbeschriftungen
Filter ein-/ausblenden	Strg + L	Befehlstaste + L
Foto im Bibliothekmodul suchen	Strg + F	Befehlstaste + F
Fotos verbessern	Strg + Alt + R	Befehlstaste + Wahltaste + R

KURZBEFEHLE

Entwickeln

Entwickeln | Teil 1

Funktion	Windows	Mac OS
In Schwarzweiß konvertieren	V	V
Automatischer Farbton	Strg + Alt + U	Befehlstaste + Wahltaste + U
Automatischer Weißabgleich	Strg + Umschalt + U	Befehlstaste + Umschalt + U
In Photoshop bearbeiten	Strg + E	Befehlstaste + E
Entwicklungseinstellungen kopieren/einfügen	Strg + Umschalt + C Strg + Umschalt + V	Befehlstaste + Umschalt + C Befehlstaste + Umschalt + V
Einstellungen von vorherigem Bild einfügen	Strg + Alt + V	Befehlstaste + Wahltaste + V
Nachher-Einstellungen in Vorher-Ansicht kopieren	Strg + Alt + Umschalt + Nach-links-Taste	Befehlstaste + Wahltaste + Umschalt + Nach-links-Taste
Vorher-Einstellungen in Nachher-Ansicht kopieren	Strg + Alt + Umschalt + Nach-rechts-Taste	Befehlstaste + Wahltaste + Umschalt + Nach-rechts-Taste
Vorher- und Nachher-Einstellungen austauschen	Strg + Alt + Umschalt + Nach-oben-Taste	Befehlstaste + Wahltaste + Umschalt + Nach-oben-Taste
Ausgewählten Regler in kleinen Schritten erhöhen/verringern	Nach-oben-/Nach-unten-Taste oder +/-	Nach-oben-/Nach-unten-Taste oder +/-
Ausgewählten Regler in größeren Schritten erhöhen/verringern	Umschalttaste + Nach-oben-Taste/Umschalttaste + Nach-unten-Taste oder Umschalttaste und +/ Umschalttaste und -	Umschalttaste + Nach-oben-Taste/Umschalttaste + Nach-unten-Taste oder Umschalttaste und +/ Umschalttaste und -
Die Einstellungen des Grundeinstellungsbedienfelds durchlaufen	. (Punkt)	. (Punkt)
Regler zurücksetzen	Auf Reglernamen doppelklicken	Auf Reglernamen doppelklicken
Reglergruppe zurücksetzen	Alt + Klicken auf Gruppenname	Wahltaste + Klicken auf Gruppenname
Alle Einstellungen zurücksetzen	Strg + Umschalt + R	Befehlstaste + Umschalt + R
Synchronisierungseinstellungen	Strg + Umschalt + S	Befehlstaste + Umschalt + S
Synchronisierungseinstellungen ohne Dialogfeld *Synchronisierungseinstellungen*	Strg + Alt + S	Befehlstaste + Wahltaste + S
Automatisch synchronisieren aktivieren/deaktivieren	Strg + Klicken auf Schaltfläche „Synchronisieren"	Befehlstaste + Klicken auf Schaltfläche „Synchronisieren"
Weißabgleichwerkzeug auswählen	W	W

Entwickeln | Teil 2

Funktion	Windows	Mac OS
Freistellen-Werkzeug auswählen	R	R
Von Mitte des Fotos aus freistellen	Ziehen bei gedrückter Alt-Taste	Ziehen bei gedrückter Wahltaste
Freistellenraster-Überlagerung durchlaufen	O	O
Freistellen zurücksetzen	Strg + Alt + R	Befehlstaste + Wahltaste + R
Bereichsreparatur auswählen	N	N
Korrekturpinsel auswählen	K	K
Verlaufsfilter auswählen	M	M
Pinselgröße erhöhen/verringern	. (Punkt) / , (Komma)	. (Punkt) / , (Komma)
Pinselweichzeichnung erhöhen/verringern	Umschalt + . (Punkt) Umschalt + , (Komma)	Umschalt + . (Punkt) Umschalt + , (Komma)
Zwischen lokalem Korrekturpinsel A und B wechseln	<	<
Vorübergehend vom Pinsel zum Radiergummi wechseln	Ziehen bei gedrückter Alt-Taste	Ziehen bei gedrückter Wahltaste
Beschneidung anzeigen	J	J
Foto nach rechts drehen (im Uhrzeigersinn)	Strg + . (Punkt)	Befehlstaste + (Punkt)
Foto nach links drehen (gegen den Uhrzeigersinn)	Strg + , (Komma)	Befehlstaste + , (Komma)
Zwischen Lupe und 1:1 wechseln	Leertaste oder Z	Leertaste oder Z
Einzoomen/Auszoomen	Strg + #/Strg + -	Befehlstaste + #/Befehlstaste + -
Vorher und nachher (oben und unten) anzeigen	Alt + Y	Wahltaste + Y
Vorher und nachher in geteiltem Bildschirm anzeigen	Umschalt + Y	Umschalt + Y
Informationen durchlaufen	I	I
Informationen ein-/ausblenden	Strg + I	Befehlstaste + I
Neuen Schnappschuss erstellen	Strg + N	Befehlstaste + N
Neue Vorgabe erstellen	Strg + Umschalt + N	Befehlstaste + Umschalt + N
Neuen Vorgabeordner erstellen	Strg + Alt + N	Befehlstaste + Wahltaste + N

Mac OS X   Befehlstaste=⌘   Wahltaste=⌥   Umschalttaste=⇧

KURZBEFEHLE

Diashow

Diashow

Funktion	Windows	Mac OS
Diashow abspielen	Eingabetaste	Zeilenschalter
Frei gestaltete Diashow abspielen	Strg + Eingabetaste	Befehlstaste + Zeilenschalter
Diashow anhalten	Leertaste	Leertaste
Vorschau einer Diashow anzeigen	Alt + Eingabetaste	Wahltaste + Zeilenschalter
Diashow beenden	Esc	Esc
Zum nächsten Dia	Nach-rechts-Taste	Nach-rechts-Taste
Zum vorherigen Dia	Nach-links-Taste	Nach-links-Taste
Textüberlagerung hinzufügen	Strg + T	Befehlstaste + T
Foto nach rechts drehen (im Uhrzeigersinn)	Strg + . (Punkt)	Befehlstaste + . (Punkt)
Foto nach links drehen (gegen den Uhrzeigersinn)	Strg + , (Komma)	Befehlstaste + , (Komma)
Hilfslinien ein-/ausblenden	Strg + Umschalt + H	Befehlstaste + Umschalt + H
PDF-Diashow exportieren	Strg + J	Befehlstaste + J
JPEG-Diashow exportieren	Strg + Umschalt + J	Befehlstaste + Umschalt + J
Neue Diashow-Vorlage erstellen	Strg + N	Befehlstaste + N
Neuen Diashow-Vorlagenordner erstellen	Strg + Umschalt + N	Befehlstaste + Umschalt + N
Diashow-Einstellungen speichern	Strg + S	Befehlstaste + S

Drucken

Funktion	Windows	Mac OS
Drucken	Strg + P	Befehlstaste + P
Eine Kopie drucken	Strg + Alt + P	Befehlstaste + Wahltaste + P
Dialogfeld „Seite einrichten" öffnen	Strg + Umschalt + P	Befehlstaste + Umschalt + P
Dialogfeld „Druckeinstellungen" öffnen	Strg + Alt + Umschalt + P	Befehlstaste + Wahltaste + Umschalt + P
Zur ersten Seite	Strg + Umschalt + Nach-links-Taste	Befehlstaste + Umschalt + Nach-links-Taste
Zur letzten Seite	Strg + Umschalt + Nach-rechts-Taste	Befehlstaste + Umschalt + Nach-rechts-Taste
Zur vorherigen Seite	Nach-links-Taste	Nach-links-Taste
Zur nächsten Seite	Nach-rechts-Taste	Nach-rechts-Taste
Ausgewählte Hilfslinien ein-/ausblenden	Strg + Umschalt + H	Befehlstaste + Umschalt + H
Lineale ein-/ausblenden	Strg + R	Befehlstaste + R
Seitenanschnitt ein-/ausblenden	Strg + Umschalt + Y	Befehlstaste + Umschalt + Y
Ränder und Bundstege ein-/ausblenden	Strg + Umschalt + M	Befehlstaste + Umschalt + M
Bildzellen ein-/ausblenden	Strg + Umschalt + T	Befehlstaste + Umschalt + T
Abmessung ein-/ausblenden	Strg + Umschalt + U	Befehlstaste + Umschalt + U
Frei gestaltete Diashow abspielen	Strg + Eingabetaste	Befehlstaste + Zeilenschalter
Foto nach rechts drehen (im Uhrzeigersinn)	Strg + . (Punkt)	Befehlstaste + . (Punkt)
Foto nach links drehen (gegen den Uhrzeigersinn)	Strg + , (Komma)	Befehlstaste + , (Komma)
Neue Druckvorlage erstellen	Strg + N	Befehlstaste + N
Neuen Druckvorlagenordner erstellen	Strg + Umschalt + N	Befehlstaste + Umschalt + N
Druckeinstellungen speichern	Strg + S	Befehlstaste + S

KURZBEFEHLE

Web

Funktion	Windows	Mac OS
Webgalerie neu laden	Strg + R	Befehlstaste + R
Vorschau in Browser	Strg + Alt + P	Befehlstaste + Wahltaste + P
Frei gestaltete Diashow abspielen	Strg + Eingabetaste	Befehlstaste + Zeilenschalter
Webgalerie exportieren	Strg + J	Befehlstaste + J
Neue Webgalerie-Vorlage erstellen	Strg + N	Befehlstaste + N
Neuen Webgalerie-Vorlagenordner erstellen	Strg + Umschalt + N	Befehlstaste + Umschalt + N
Webgalerie-Einstellungen speichern	Strg + S	Befehlstaste + S

1:1-Ansicht 35
1:1-Vorschau 82
16-Bit-Ausgabe 155
16-Bit ProPhoto RGB 106
32-Bit-Modus 118

A

Aberration, chromatische 84
Abwedeln 97
Ad-hoc-Entwicklung 28, 30, 60
Adobe Bridge 60
Adobe Camera Raw 60, 84, 88, 106
Adobe Photoshop 106–127
Ansichtsoptionen 90, 170
Aufhelllicht 63, 65, 66
Ausdruck schärfen 154
Ausgabeeinstellungen-Bedienfeld 163
Ausgabeschärfung 135
Auto-Layout-Button 150
Automatisch maskieren 102
Automatisch synchronisieren 92
Automatischer Tonwert 65
AutoViewer 166

B

Backup 29, 41
Bereichsreparaturwerkzeug 96
Bibliothek
    Ansichtsmodi 34–39
    Aufnahmezeit bearbeiten 49
    Bibliotheksmodul 28
    Bildauswahl 44–48
    Filmstreifen 33
    Filter 32
    Katalog 29, 40, 41, 44, 50, 107, 139, 178
    Linke Bedienfeldleiste 29
    Lupenansicht 35, 42, 177
    Navigator 29, 35
    Ordner 29
    Rasteransicht 34, 177
    Rechte Bedienfeldleiste 31, 32
    Sammlung erstellen 51
    Schnellsammlung 50
    Smart-Sammlung erstellen 53
    Stapelfunktion 54
    Vergleichsansicht 36
    Veröffentlichungsdienste 29
    Überprüfungsansicht 37, 180
    Zielsammlung 52
Bildauswahl 44–49
    Farbbeschriftung 48
    Filter 46
    Flaggen 45
    Fotos verbessern 46
    Sterne 47, 48
Bilder freistellen 94
Bilder stapeln 54, 55, 120
Bildnamen 22

C

Chromatische Aberration 84

D

Dateiformate 25
Dateihandhabung 106
Diashow
    Bedienfelder 138, 139
    Exportieren 143
    Soundtrack 142
    Sternebewertung 135
    Titel 142
    Überlagerung 141
Diashowmodul 138–140
DNG-Export 134
DNG-Format 18, 25
Druckauftrag 144, 154
Druckauftrag-Bedienfeld 153, 154
Drucken
    Ausdruck schärfen 154
    Bedienfelder 144–146

INDEX

Benutzerdefiniertes Paket 149
Bildpaket 148, 149
Druckauflösung 154
Druckauftrag 154
Farbmanagement 154
ICC-Profile 154
JPEG exportieren 153
Rahmentipp 158
Druckmodul 144–146

E

Ebenenmaske 110, 115
Entwickeln
    Farbe-Bedienfeld 74
    Farbkanäle 77
    Gradationskurve 71–73
    Grundeinstellungen 64–70
    Histogramm 63
    Kopieren und Einfügen 62
    Linke Bedienfeldleiste 61
    Navigator 61
    Protokoll 62
    Rauschreduzierung 83
    Rechte Bedienfeldleiste 63
    Sammlungen 62
    Schärfen 82
    Schnappschuss 61
    Vorgaben 59, 93
    Werkzeugleiste 90
    Zielkorrekturwerkzeug 72
Entwickelnmodul 60, 90–92
Entwicklungswerkzeugleiste 90
Erkennungstafel 140
Exportieren von Fotos 133
    Ausgabeschärfe 135
    Bildgröße 135
    Dateibenennung 134
    Dateieinstellungen 134
    Export Actions 136
    Metadaten minimieren 135
    Nachbearbeitung 135, 136
    PSD 133
    Speicherort 134
    TIFF 133
    Voreinstellungen 133
    Zusatzmodulmanager 136

F

Farbbeschriftung 48
Farbkanäle 77
Farbpalette 158, 162
Filmstreifen 33
Filterleiste 32, 182
Fotos scharfzeichnen 154
Freistellungsüberlagerung 94
FTP-Dateitransfer-Dialog 164

G

Gradationskurve 71–73
    Bereichsregler 73
    HSL 73
    Zielkorrekturwerkzeug 72
Grundeinstellungen Entwickeln
    Dynamik 70
    Farbton 65, 66
    Präsenz 67
    Sättigung 70
    Weißabgleich 64

H

Halo-Bildung 119
Hardware 15
HDR-Bilder 116
HDR-Tonung 125
Hilfslinien 144, 150
Histogramm 63
HSL – Farbton, Sättigung, Luminanz 73
HTML-Galerie 161–163, 165

I

ICC-Profile 154
Import
   Bildimport-Dialog 18, 21
   Bildnamen 22
   Dateiformate 25
   Dateiverwaltung 22
   Video 21
   Vorschaufenster 21
Inhaltssensitives Füllen 126, 127

K

Kamerakalibrierung 88, 89
Katalog 29, 40, 41, 50, 107, 139, 178
Kontaktabzug / Raster 151
Korrekturpinsel 102, 103
Körnung 87
Kurzbefehle 175-187

L

Lightroom-Exportvoreinstellungen 133
Lupenansicht 35, 42, 177

M

Maskenkante 111
Metadaten 23, 29, 31, 109, 135, 163, 179

N

Navigator 29, 35, 61, 176

O

Objektivkorrekturen 84, 85

P

Panorama 112–115
Photomerge 112, 113
Photoshop. Siehe Adobe Photoshop

R

Rasteransicht 34, 54, 91, 177, 180
Rauschreduzierung 83
Renderpriorität 153, 155
RGB-Farbraum 134

S

Schärfen 82
Schlagschatten hinzufügen 162
Schnappschuss 61
Schnappschuss-Bedienfeld 60
Schnellsammlung 50, 52, 179
Schnittmarken 151
Schwarzweiß 76, 183
Schwarzweiß-Kanalanpassung 76
Silver Efex Pro (SEP) 129
Smart-Objekte 108-111
Smart-Sammlung 53
sRGB-Farbraum 134
Stapel, Fotos gruppieren 54, 55
Sterne-Bewertung 47
Stichwortliste 31
Stichwörter 30, 179

T

Teiltonung 78
Tether-Aufnahmen 24
Textüberlagerung 141

U

Überprüfungsansicht 37, 180

V

Verbesserte Maskenkante 124
Vergleichsansicht 56, 177, 180
Verknüpfungsfokus 36
Verlaufsfilter 97-99
Veröffentlichungsdienste 29, 137
Video 22, 55

INDEX

Vignettierung 86, 111
Virtuelle Kopien 56
Vorher-Nachher-Ansicht 60, 71, 90
Vorschaufenster 21

W

Wasserzeichen 135, 154, 167
Web
   Airtight AutoViewer 166
   Airtight PostcardViewer 167
   Airtight SimpleViewer 168
   Flash-Galerie 165
   Galerie-Upload 164
   GPS-Daten 173
   HTML-Galerie, Einstellungen 161–163
   SlideShowPro 169–171
Webmodul 158–160
Weiche Kante 102
Weißabgleich 24, 64, 183
Weißpunktvorschau 117
Werkzeugleiste 32
Wiederherstellung 65

Z

Zielkorrekturwerkzeug 72, 103
Zielsammlung 52
ZKW. Siehe Zielkorrekturwerkzeug
Zusatzmodulmanager 136

COLOPHON

Gesetzt in InDesign CS5.
Farbsystem: Kuler (kuler.adobe.com).
Die verwendeten Schriften sind Absara und Absara Sans von Xavier Dupré, erhältlich bei fontshop.de.

Dank an Sabrina Winter, Fink & Fuchs Public Relations AG, Alexander Hopstein, Tom Hogarty, Jason Levine, John Nack und Bryan O'Neil Hughes von Adobe, Martin Kuderna, 100zehn GmbH und Georg Albrecht von Apple. Solveig Siewert von Nik Software GmbH. Susanne Schreiber von Panasonic sowie Jürgen Siebert von Fontshop und meine Lektorin Kristine Kamm von Markt+Technik.

Pit, Peter, Julia, Jens, Manuel, Cyrill, Mampe und Henk. Und Kai und der andere Manuel. Und Fiona.

Bei der Herstellung des Buchs halfen: das Cannondale Bad Boy, Milk Blend und Cheese Cake der Bonanza Coffee Heroes, die fünfte Staffel von House, MD. Hans Zimmers Soundtrack zu The Pacific. Und Doctor Who.

Hardware:
MacBook Pro 2,4 GHz Intel Core i5
4 GB RAM, Mac OS X 10.6.3 Snowleopard
Lumix GF1, 20mm ƒ1,7